Veronica Barsotti

VOLEVO ESSERE BIONDA

Do it human Editori

Realizzazione editoriale: Do it human S.r.l., Milano
Copertina e progetto grafico: Luca Consoli
Revisione testi e correzione bozze: Domenico De Marco
Ritratto fotografico autore: Davide Pardini

ISBN 978-88-99628-03-1
I edizione Giugno 2017

Seguici su:
Facebook / Twitter / Instagram
@doithuman
www.doithuman.com

Abbiamo conosciuto Veronica grazie ai social network e ai libri. Ad aprile 2016 ci incontriamo prima su Facebook, scambiamo qualche parola sul suo lavoro di copywriter e di formatrice e poi scopriamo il suo blog arcobaleno. A maggio 2016 ci incontriamo dal vivo. Era a Milano con Manuela, la sua compagna, e insieme ci raggiungono a un evento sull'editoria, dove avremmo tenuto una conferenza. Una parola dopo l'altra, ci ritroviamo a cena. Una parola dopo l'altra, le invitiamo a casa per un caffè. Una parola dopo l'altra le chiediamo di pubblicare un libro con noi. Ecco, quello è l'unico momento della serata in cui Veronica è rimasta senza parole.

Ma cosa è accaduto tra una parola e l'altra?
Abbiamo parlato di vita, di lavoro, di relazioni e quando Veronica raccontava la sua esperienza è stato incredibile sentire l'energia di cambiamento da cui è avvolta questa donna: la sua vita l'ha portata a essere sempre in movimento, non solo fisicamente, ma soprattutto emotivamente. Ma le qualità che più ci hanno colpito di Veronica sono due in particolare. La prima è la sua resilienza, la capacità di cambiare forma e adattarsi alle situazioni più assurde che le si sono presentate. La

seconda, che è la più evidente, è che ogni volta che apre la bocca non puoi fare a meno di ridere. Non è la tipica persona dalla "battuta pronta", Veronica sa davvero trasformare un dramma in un momento di ilarità e di leggerezza.

Queste abilità ci hanno incuriosito e una domanda è sorta spontanea: riuscirà a dar vita al personaggio di un romanzo, raccontando i suoi cambiamenti e le sue difficoltà con la stessa ironia che la contraddistingue?
Così nasce Arianna e nelle prossime pagine scopriremo insieme la risposta a questa domanda.

Diego Leone e Alberto Manieri
Do it human Editori

A Margherita e Ariele

"Perché la vita se la ride delle previsioni
e mette parole dove noi abbiamo immaginato
silenzi, e repentini rientri quando pensavamo
che non ci saremmo incontrati più."

José Saramago

Prefazione di Enrica Tesio

Ci sono le famiglie tradizionali, ci sono le famiglie allargate, monogenitoriali, ci sono le famiglie arcobaleno e poi ci sono le famiglie arcobalenghe. Balengo in dialetto indica un personaggio strano, sbilenco, ma alla fine irresistibile. La famiglia di Arianna, colei che voleva essere bionda, ma le è riuscita giusto una tinta giallo senape, è arcobalenga. Non solo perché Ari si è scoperta lesbica dopo due figli e anni di matrimonio con Antonio, ma perché trova soluzioni improbabili ed efficaci a una vita che non le risparmia nessun colpo di scena. Io i colpi di scena (di testa e di cuore) dell'autrice li ho conosciuti in anteprima, perché la seguo da anni sul blog, ma qui l'ho letta con una tenerezza tutta particolare, ritrovando i suoi ricci capricciosi e quell'aria tipica delle eternamente buffe abituate ad aiutare gli altri e trascurare un po' se stesse. *Volevo essere bionda* è un romanzo sul cambiamento che tanto ci fa paura, dei "per sempre" che si scoprono a termine, dei punti dopo la parola "fine" che sono poi fori su orizzonti inesplorati. Io questo libro l'ho letto con la sua voce e il suo accento toscano ed è stato come avere accanto Veronica, come parlare con un'amica balenga, proprio come me.

1.
Faccio bolle

Sono le sette di sera e sto aspettando che il bucato finisca di asciugare. Piove da così tanto tempo che tra poco arriverà Noè a sgridarmi per non aver caricato tutta la mia famiglia sull'arca, insieme ai due coccodrilli, l'orangotango e i due liocorni. Cos'ha di tanto speciale la mia famiglia da avere l'onore di condividere una traversata verso la sopravvivenza? Un sacco di cose. Un sacco grande quasi quanto quello che ho riversato nelle due macchine della lavanderia a gettoni del mio paese, un minuscolo granello sulle terga del mondo, circondato da mura e sperduto nella campagna toscana. Ma andiamo per ordine. Sono Arianna, ho trentaquattro anni, un lavoro precario nell'ambito della comunicazione e sono rimasta senza mutande pulite. La causa è una generosa perturbazione che percuote il mio umore labilmente autunnale e non mi consente di stendere il bucato al sole. Non ringrazierò mai abbastanza l'invenzione delle lavanderie a gettoni. Sono un non-luogo in cui i miei occhi possono trovare pace e la mente concentrarsi sui giri dei panni che si intravedono dall'oblò. Ha un ritmo che mi piace, la lavatrice: mi ricorda i racconti di mia nonna sul dopoguerra, quando portava il bucato di tutta la famiglia al lavatoio del paese e le donne si scambiavano le ultime novità sulla Liberazione, sui muscoli di quei neroni americani e sui saponi in polvere. Una specie di Facebook, ma senza le notifiche. Il lavaggio sembra interminabile e lascio i pensieri in caduta libera a sbatacchiare mollemente al sicuro in quel ventre umido e caldo. Ho voglia di fissare ancora un po' l'acqua bollicinosa che si accumula nei bordi delle guarnizioni e si riposa. L'acqua mi rapisce oggi, come quando da piccola i miei mi mettevano seduta su una piccola sedia di vimini, davanti al gigantesco acquario che mio padre puliva ogni giorno con una spugnetta magnetica, che io credevo dotata di poteri magici. Mi lasciavano lì, ipnotizzata da quell'eterno ritorno dei pesci chiusi in un metro per trenta centimetri.

Anche crescendo, l'ipnosi acquatica è rimasta una grande fonte d'ispirazione. Avevo forse diciassette anni ed ero seduta sugli scogli con un ragazzo che mi aveva invitato ad uscire. Ero molto tesa. Desideravo ad ogni costo piacergli e fare colpo, perché ormai tutte le mie amiche avevano un tipo con cui limonare, uscire la domenica e fare lunghe telefonate all'apparecchio fisso della sala da pranzo. Tutte tranne me. Non ne potevo più di sentirmi chiedere, persino dal giornalaio da cui ogni settimana compravo Cioè[1], se avessi il fidanzato. Insomma, avevo deciso di chiudere questo tormentone infernale e iniziare a fare gli occhi dolci a Filippo, il più corteggiato della scuola, convinta che mai e poi mai mi avrebbe degnato di una di quelle sue estatiche alzate di sopracciglio. Lui, invece, mi aveva addirittura invitata a uscire, dopo avermi fermata al termine di un'assemblea durante l'autogestione. Con Filippo la scena è stata più o meno questa: lui fissava il mare con occhi tenebrosi, io mi perdevo a guardare una bottiglia di plastica galleggiare tra gli scogli. Con lo sguardo più seduttivo che una diciassettenne poco avvezza al rimorchio potesse inscenare, sospirai languida:

«Guarda, sembra quasi che il mare respiri.»

1 *Cioè* è una rivista settimanale pubblicata in Italia dal 7 ottobre 1980 ed attualmente edita dalla Edizioni Panini. È rivolta ad un pubblico adolescenziale, principalmente di sesso femminile.

Sembrava una frase così figa che avrei desiderato si materializzasse per appiccicarla sulla Smemoranda[2], magari con un *chewing-gum* o semplicemente scriverla sulla carta di un chupa chups. Lui ricambiava lo sguardo, io pensavo "È fatta, ora mi bacia, ora mi bacia". Invece niente. Si limitò a dirmi:

«Forse il mare sta per vomitare. Ti va un gelato?»

In quel momento ho capito che qualcosa nel mio approccio andava rivisto. Il mio senso poetico o era per pochi eletti o non era poetico. O entrambi.

Mi scappa la pipì. Mentre gioco coi ricordi realizzo che la mia vescica non riuscirà ad aspettare la fine del lavaggio e l'asciugatura. Devo per forza trovare una soluzione. Ma perché nessun gestore di lavanderie a gettoni ha considerato l'effetto diuretico di cotanto sciabordio e scialacquio?

Sono le otto di sera qui nella campagna lucchese. Un orario che rievoca la scenografia di "Ombre Rosse[3]" prima del duello: mancano solo le balle di fieno roteanti. È tutto chiuso e non ho la minima idea di dove andare a cercare un bagno. Passo in rassegna varie alternative, ma scarto velocemente l'idea di accucciarmi nell'angolo più remoto della lavanderia e pure nei campi che ci sono intorno. Non rimane che cercare un bar e piuttosto velocemente, anche

2 *Smemoranda* è un'agenda-libro, diretta da Nico Colonna e Gino (Vignali) & Michele (Mozzati).

3 *Ombre rosse (Stagecoach)* è un film del 1939 diretto da John Ford, considerato spesso il più celebre e celebrato film western della storia del cinema.

perché quello più vicino è vicino solo per modo di dire. Per non perdere tempo arraffo la borsa sulla sedia e cerco di guadagnare la porta come fosse un portale magico che sta per chiudersi, lasciandomi in un mondo pieno di pannoloni per l'incontinenza. Nella fretta non vedo un tipo che è lì sulla porta: una montagna di muscoli di quasi due metri contro cui rimbalzo e che mi sbatte nuovamente dentro la lavanderia.

«Scusa, il portale, cioè, volevo dire, la porta... Sì, insomma, ho fretta!»

Il ragazzo, abbronzatissimo, indossa una camicia aperta per metà e un paio di jeans, con tanto di risvoltini, che sembrano leggings. È troppo appariscente per la mia vescica e per i miei occhi. Credo che anche la milza ne sia uscita compromessa. Questo è il genere di ragazzi che piaceva ad una mia compagna del liceo, una bionda artificiale che si sentiva Bella&Figa e non perdeva occasione per ostentarlo. Mentre cammino a passo alsaziano verso una meta imprecisata munita di toilette, mi torna in mente un episodio spiacevole con La Bionda, la stronza tinta del liceo. Ricordo di come, alla maturità, si fosse finta cordiale il giorno della prova di matematica. Aveva promesso che avrebbe passato il compito. Era stato studiato un codice ben preciso.

Come concordato si alza all'incirca a metà della prova, mi passa davanti, guarda, annuisce e va in bagno. Dopo qualche minuto torna a sedersi al suo posto. Più tardi mi alzo anche io. Entro in bagno. Guardo sul cassone dell'acqua: niente. Vicino alla turca: niente. Sento odore di bastardata e torno in classe. Faccio finta di nulla per evitare di darle soddisfazione, ma non l'ho mai perdonata. L'ho incontrata pochi giorni fa dal benzinaio. Sono passati diversi lustri. Dopo un saluto di circostanza con cui cerco di far capire il mio distacco, La Bionda attacca un discorso infinito da cui viene fuori che si era iscritta alla facoltà di Ingegneria Aerospaziale, ma che ancora non aveva finito gli esami, che era sola e che tutti gli uomini incontrati l'avevano solo usata. La mia parte Malefica ha gioito con tanto di risata malvagia, la parte Aurora ha invece fatto un cenno di pietà ed è andata a conficcarsi un fuso in un dito. Le due parti, di comune accordo, hanno tagliato corto, salutato e sono ripartite rombando, per quanto si possa rombare con un catorcio a metano come la mia auto. Però de La Bionda ho sempre invidiato i capelli. Io - che ho sempre avuto una massa informe di ricci tendenti al crespo e di un colorino cacca di cane al sole, sempre disordinati - avrei desiderato, più di ogni cosa, quella cascata bionda di capelli d'angelo così raffinati, eleganti, sobri. E poi le bionde piacciono a tutti, non devono sforzarsi. La loro biondezza le pone al di sopra delle valutazioni cognitive. Volevo essere bionda. E invece.

Bene, basta pensare, devo assolutamente trovare un bagno o non risponderò di me. Attraverso, a grandi falcate, la strada che di solito percorro in macchina e penso che le cose viste da vicino sono sempre più belle o più brutte di quanto immaginiamo. All'occhio attento non sfugge né una cartaccia né una foglia dalla forma insolita. La filosofia si perde nella necessità e inizio a contemplare l'idea che, in fondo, fare pipì accucciata in un angolo di strada non è poi la fine del mondo. Alzo gli occhi e per fortuna intravedo l'insegna di un bar. Prego tutti i sette nani perché mi facciano arrivare in posizione eretta al locale e non distesa a mo' di salma, come quella svampita di Biancaneve. Evidentemente l'invocazione funziona perché entro nel bar dritta sulle gambe, nonostante i crampi alla vescica, salvo poi ordinare un bagno al vetro e la chiave del caffè. Ma il barista deve saperla lunga, perché mi lancia la chiave mentre inizia ad armeggiare con la macchina dell'espresso. Pochi sono i piaceri della vita paragonabili alla gioia di fare pipì dopo tanta attesa. Solo lo slacciarsi gli scarponi degli sci a fine giornata o lanciare i tacchi dopo otto ore in ufficio. Mi godo l'estasi del momento liberatorio.

Finalmente rilassata mi avvicino al caffè che il barista ha amorevolmente coperto con un piattino. Amo questi piccoli gesti di cura che spesso gli estranei mi rivolgono con più frequenza dei miei cari. Non faccio in tempo ad avvicinare la bocca alla tazzina che da dietro una voce femminile mi incalza.

«Tu sei la mamma di Gabriele?»

«Di Michele» rispondo ancor prima di girarmi per inquadrare la mia interlocutrice.

«Sì, scusa, mi confondo sempre coi nomi che finiscono per "ele". Non so se ti ricordi di me, Mattia era in classe con Michele all'asilo...»

«Sì, certo» rispondo, mentre penso che il suo viso mi sia solo vagamente noto.

«Come sta Mattia?»

«Mattia sta bene, è in prima media ormai. Come passa il tempo!»

Ecco, l'ha detto. Odio quando la gente parla del tempo, sia di quello che passa sia di quello meteorologico. Vorrei avere una piccola botola che si apra a comando e inghiotta chi pronuncia tali ovvietà. Soprattutto in queste giornate in cui l'acidità cresce a livelli esponenziali e la propensione al dialogo è rinvenibile solo grazie ad un accurato scavo archeologico.

«Già, già. Verissimo. È stato davvero un piacere vederti e...»

«No, aspetta un attimo, dai! Dimmi di Michele, ha anche una sorellina, giusto? Certo dev'essere complicato per te e tuo marito fare sempre avanti e indietro, dal momento che abitate così lontano dalla scuola.»

Occhei, mamma di Mattia. Ora hai superato il segno. Mentre mi intrattengo spiacevolmente con te, un gruppo di alieni avrà assaltato la lavanderia a gettoni e spaiato con meticolosità tutti i nostri calzini. Lo penso, ma non lo dico. Se pronunciassi ogni pensiero che soffoco tra i denti sarei in carcere. Mi limito a gonfiare i polmoni d'aria, montare in faccia il sorriso delle grandi occasioni e rispondo:

«Michele sta bene e anche sua sorella Vanessa. Io e il mio ex marito - calco con la voce sulla parola ex per assicurarmi che abbia sentito - anche. Aspetto la fine della quinta elementare e poi deciderò in quale scuola media iscriverlo, forse la più vicina a casa. La mia compagna insiste perché non vuole che perda tutto questo tempo in macchina.»

Com'era prevedibile rimane a fissarmi con la bocca aperta. A guardarla così, con quell'espressione da salmone rosa del Madagascar dipinto sul volto, viene quasi da ridere, ma mi trattengo. Dopo qualche secondo si riprende:

«Ah, scusami non sapevo niente. Beh, spero vada tutto bene, davvero.»

Taglia corto, insiste per pagare anche il mio caffè e se ne va, sforzandosi di lanciarmi un sorriso stirato appena prima di sparire dietro le tende di plastica del bar che servono a non far entrare le mosche, ma niente possono contro le persone antipatiche e pettegole.

Ripercorro la strada tra il bar e la lavanderia con la stessa velocità dell'andata per impedire la separazione dei calzini. Non c'è mistero più impenetrabile dei calzini che entrano in due ed escono single. Deve essere così anche per le coppie. Ormai sono davvero poche le persone che si promettono amore eterno e riescono a mantenerlo. Mi vengono in mente solo i miei nonni, i miei genitori e pochi superstiti della mia età. Forse siamo votati al consumo veloce e alla breve durata. L'amore è come la batteria dell'iPhone: anche quando non c'è nessun guasto, a un certo punto non si accende più.

A me quando si è spenta la batteria? Con Antonio sembrava andare bene. O forse no. Ci siamo sposati presto, avevo solo ventun anni e mi mancavano dieci esami più la tesi per finire l'università. Anche Antonio studiava ancora. Eravamo due ragazzini innamorati che erano finiti, per stupidera e passione, a concepire un bimbo. Siamo stati travolti dalla vita e dall'impegno del quotidiano: è stato bellissimo e sconvolgente come solo la nascita di un figlio può essere. Abbiamo deciso di tenere il bambino e di sposarci. Ci sono stati momenti di sole in pieno viso che niente potrà mai oscurare. Rivedo i suoi occhi verdi che mi guardano dalla parte più lontana della navata della chiesa, la sua mano che stringe la mia, la sua presa salda che trasmette calore in un parto complicato da cui temevo di non uscire viva, gli abbracci avvolgenti da cui non mi sarei mai sciolta. E invece mi sono sciolta, eccome. Non solo dai suoi abbracci, ma anche dal matrimonio e dai legami con la famiglia. Un pezzo della mia vita si è liquefatto.

In uno dei miei momenti di crisi, quei momenti che si presentavano ricorsivamente e che mettevano in dubbio tutto, persino l'amore per me stessa, avevo incontrato Stefania. Lei era il prototipo della donna leone: ti prende, gioca, ti sbrana e ti deposita in un cespuglio, a brandelli, composta della stessa sostanza dello sterco. Era la mia vicina di casa: un ciclone multi-turbine di seduzione ed eufemistica apertura verso il prossimo. Lo sapevo, ma pensavo che con me sarebbe stato diverso. Credevo che si sarebbe perdutamente innamorata, che avremmo vissuto insieme e saremmo andate ad aprire una paninoteca vegan in Finlandia. Invece si scopava me, il suo amante che la picchiava e un intero club di scambisti. Inutile dire che se fossi stata Candy Candy mi avrebbero scritturata per altre tre serie. Di contro, lei era stata convincente: in quei mesi mi aveva spinta a lasciare Antonio e a farsi regalare millecinquecento euro, per poi dileguarsi nel niente. Faceva la pittrice e arrotondava con dei lavoretti dai quali veniva prontamente licenziata. Era convinta di avere talento, ma l'unica capacità che possedeva era quella di manipolare le persone che vivevano un momento di fragilità. Le sceglieva con cura ed effettivamente tutte le sue ex erano segnate da lutti recenti o altre disgrazie. Dopo aver stretto la preda tra le grinfie, le creava il vuoto intorno, l'allontanava dagli affetti e dagli amici, alimentando una dipendenza morbosa. Una volta ottenuto il controllo totale, sbriciolava anche le ossa e l'anima della vittima e, da abile burattinaia, muoveva alla perfezione la sua creatura acefala. Non era stato facile uscire da quell'incantesimo malefico, nonostante i miei genitori e le mie amiche facessero di tutto per svegliarmi.

Poi una mattina ho guardato lo specchio e mi sono vista smunta e grigia. In quel momento è entrata in camera mia figlia, Vanessa. Mi ha salutata e io non l'ho neppure sentita. Mi ha preso la mano e si è messa a piangere. Allora, solo allora, l'ho vista. Nelle sue lacrime ho riconosciuto la mia ombra e l'involucro che mi rendeva uno zombie si è polverizzato. L'ho presa in braccio e l'ho stretta forte, chiedendole scusa con il pensiero. In quel preciso istante ho realizzato che Stefania, la manipolatrice, aveva distrutto la mia autostima, il mio pensiero critico, indebolito il legame con la mia famiglia, ma non era riuscita a spezzarmi il cuore e a radere al suolo l'amore per i miei figli. L'ho lasciata il giorno stesso. Non è stato semplice recidere quel legame, ma con un po' di volontà quasi tutto si può fare.

Mentre ripercorro con la mente i traumi del passato, mi accorgo di essere di nuovo davanti alla lavanderia. Dalla soglia non posso fare a meno di notare una ragazza alta, esile, con i capelli rossi legati in una treccia e vestita di tutto punto. Mi viene da ridere pensando a quanto sia fuori luogo quel suo abbigliamento da donna in carriera davanti un'attività che si chiama "Bagnato è bello, ma asciutto è meglio". Come minimo sarà a lavare camicie prima di partire verso una location esclusiva per un meeting di un job fichissimo, magari come manager della sua azienda. Forse i miei pensieri devono essersi materializzati, perché si gira di colpo e mi fissa con due occhi verdi che mi inchiodano come un gatto in tangenziale. Sbam! Un faro sparato sul volto. Io divento fucsia, lei se ne accorge e sorride. Non riesco a capacitarmi di quanto sia bella. Cerco posto sulla panchina e insieme fissiamo il moto armonico dei panni che sciacquettano. Vorrei rompere il ghiaccio, dire qualcosa di brillante, ma ho la lingua rivestita di polistirolo e le rane che gracidano in testa. Sono indecisa se parlarle o apparire interessante leggendo il libro che è in borsa. Muoio dalla voglia di guardarla in viso più da vicino. Decido di provare la tattica da *radical chic* e tiro fuori il manuale sulla scrittura creativa, sperando che sia lei a domandarmi qualcosa. Mi accorgo che lancia una rapida occhiata al libro, ma poi si rimette a fissare la lavatrice. Continua a tacere, così inghiotto la palla di moquette che si è formata sul palato e tento di articolare una frase di senso compiuto:

«Che giornate, eh?»

Mi mordo la lingua per l'idiozia dell'incipit, peggio di così avrei potuto solo starnutirle addosso. Avverto anche un inizio di ascella pezzata.

«Già!»

commenta, rivolgendomi un sorriso imbarazzato. Si sistema meglio sulla sedia, raddrizzando il dorso e appoggiandosi allo schienale. Il suo sguardo passa da me all'oblò. Non mi arrendo, sono consapevole che ormai ho dato il via a un disastroso effetto domino. Sento la lingua assumere la stessa consistenza del cartone. Inizio a tormentare con le dita la mia ciocca di capelli preferita.

«Non ti ho mai vista in giro, sei di queste parti?»

«No, io abito a Milano, ma vengo qui spesso. Tu abiti qui?»

«Sì, non da molto.»

«Allora come potevi avermi visto?» aggiunge, con un mezzo sorriso beffardo.

Vorrei risponderle "Perché una così bella me la sarei ricordata di sicuro", invece incasso la figura merdifera e mi arrendo.

«Hai ragione. Ho fatto un commento idiota, ma oggi sono particolarmente stanca. È stata una giornataccia.»

«Oh, mi spiace. Anche la mia non è stata esaltante. Robe di cuore.»

Dovrei sdrammatizzare, ma non trovo niente di meglio che buttarci sopra un altro carico di letame.

«Ti capisco, sono andata dal giudice a firmare la richiesta di separazione.»

«Ma non sei troppo giovane per questa roba?»
«Grazie, ma non sono mica tanto giovane. Beh, sì, mi sono sposata presto, ma le cose non sono andate come avevamo previsto.»

Mi osserva per qualche secondo, poi si mette a trafficare con lo smartphone che squilla. Si allontana per parlare al telefono con voce mesta, magari si sta sfogando con la sua migliore amica. O magari è il fidanzato.

Il mio cervello torna al matrimonio. Ero convinta, quando mi sono sposata, che il nostro amore sarebbe stato eterno e indissolubile. Poi sono subentrate le crisi esistenziali, sempre a porre dubbi e ipoteche sul nostro futuro. Un'inquietudine a cui per anni non sono riuscita ad attribuire un nome. Scoprirsi lesbica a quasi trent'anni, con un marito e due figli all'attivo, non è esattamente l'evento più zen che possa capitarti nella vita. Soprattutto se la tua prima donna è una stronza come Stefania. Ma tu non puoi saperlo, ragazza dai capelli rossi e dallo sguardo rassegnato, mentre palleggi lo smartphone sperando che appaiano notizie di speranza e non l'oroscopo di Rob Brezsny. L'amore è come la varicella: divampa dopo una breve incubazione, ti arrossa il viso, ti lascia i segni e poi scompare.

Finalmente la lavatrice ha terminato anche il

programma di asciugatura. Vorrei almeno una chiusura ad effetto, prima di congedarmi, ma temo di peggiorare la situazione e mi limito ad un saluto a testa bassa. Addio, Rossa. Saluto ed esco piena di dubbi umidi e panni asciugati. A malapena si gira a guardarmi, persa a scrutare il telefono.

Cammino verso casa imprecando per il ritardo. Il pensiero rimbalza dalla Rossa alle mie storie precedenti. Dopo Stefania avevo seguito il consiglio di Max, un mio amico fotografo che, in un momento di profonda saggezza, condivise con me questa teoria: “In amore bisogna fare come in biblioteca. Se un libro non ti piace lo chiudi, lo riporti e ne prendi un altro”. E così avevo fatto: per sfuggire dalle unghie di Stefania ero planata sulla placida noia di Francesca. Anche in questo caso gli inizi erano stati idilliaci e lei era apparsa molto interessata a me. Anche se non ne ero particolarmente attratta fisicamente, mi intrigava il suo modo di parlare, la sua cultura. Aveva iniziato la relazione con slancio, ma purtroppo era come il mio catorcio: un gran boato e poi il niente. Ho pensato spesso che anche Francesca avesse la marmitta bucata. Abitava a Firenze dove lavorava come archivista. Non era cattiva, era solo concentrata su di sé. Aveva un lavoro che amava, degli amici e molti locali di tendenza in cui consumare aperitivi. Mica come nella campagna lucchese, dove l'aperitivo lo fai al Bar Sport, le noccioline sono dell'anno precedente e il massimo cui puoi aspirare è un bicchiere di vino della casa. Andavo a trovarla spesso. Mi aspettava la sera, quando uscivo dal lavoro, e ci incontravamo per un dopocena scoppiettante a casa dei suoi. Ma solo se i genitori non erano in casa, perché ai loro occhi Francesca era etero e io una cara amica. Per me era inconcepibile che una donna di quarant'anni temesse più il giudizio della madre che le rughe.

Fu un buffo intreccio: lei non sopportava il mio essere madre ed io il suo essere figlia. La nostra rottura mi ha regalato la stessa sensazione del reggiseno imbottito a fine giornata: un misto di prurito e fastidio per aver sopportato una costrizione inutile. Se non hai le tette - o non hai il cuore - non puoi bluffare in eterno, prima o poi si capisce.

Apro la porta di casa e i miei figli Michele e Vanessa mi corrono incontro festosi. Il senso di inadeguatezza sparisce, scacciato dalle piccole braccia che cercano di stringermi per non perdermi più. La cena corre via veloce, come il tempo con loro. Vorrei rendere eterno ogni sorriso e ogni sguardo. Alzo gli occhi e incrocio quelli di Paola, la mia compagna.

È la donna con cui due anni fa ho pensato di comprare casa con l'intenzione di invecchiarci insieme. Quando ci siamo conosciute lei abitava a Roma. Per vederci alternavamo un fine settimana da me e uno da lei. Abbiamo socializzato così bene con la A1 che saremmo potute diventare azioniste di maggioranza della società autostradale. Siamo state velocissime nella decisione di formare una famiglia. *Viste e prese*, come diceva mia nonna per giustificare il ratto compulsivo di un cuore. A un anno di distanza dal nostro primo bacio abbiamo trovato la casa dei nostri sogni e ci siamo venute a vivere con i nostri tre figli: i miei due e la sua, una bambina di dieci anni che - manco a farlo apposta - si chiama Vanessa, come la mia. Guardo noi, stasera a tavola, e mi sembra di galleggiare in una bolla ovattata. Non so se è la stanchezza, ma ho la sensazione di essere stata buttata sul palco nel mezzo della scena di uno spettacolo di cui non conosco il copione. Paola guarda sua figlia. Io guardo Paola e sento una fitta sorda allo stomaco. È il dolore che il vuoto produce quando si dilata e inghiotte il cuore. Mi manca Paola. È lì, ad un passo, ma in un altrove che non riesco a raggiungere. La spensieratezza dei primi tempi sembra persa per sempre. Vorrei che riuscisse a leggermi dentro. Vorrei che capisse la mia desolazione, che scongelasse il mio senso di colpa per non essere la compagna che avrebbe voluto.

Da tempo siamo fuori fase, ci rincorriamo su scale emotive che non si allineano, ma si sovrappongono come in un'opera di Escher. Agli occhi di tutti siamo una bella famiglia, per alcuni addirittura l'esempio di come non solo si sopravviva ai coming out e allo scoprirsi omosessuali in età matura con marito e figli, ma si giunga persino a rappresentare l'emblema della gioia familiare. Abbiamo un gatto, un cane, due pecore e una pianta di basilico. Siamo la più tipica delle famiglie atipiche.

Vanessa urta un bicchiere con il braccio e l'acqua finisce nel piatto di Paola che la fulmina con lo sguardo. Io provo a sorreggere quello tremolante di mia figlia che cerca di trattenere il pianto. Mesi fa avrei scatenato una discussione. Ormai la voglia di cercare un confronto è pari a quella di uscire nuda a dicembre per correre una maratona. Inizio a sparecchiare e non so se levo stoviglie o speranze. Forse è meglio che esca. L'idea di trascorrere la serata in silenzio, mentre Paola fissa le fiamme del camino che divorano legna e pensieri, mi provoca un giramento di testa. Mi sono ricordata che c'è uno spettacolo teatrale a Firenze che morivo dalla voglia di vedere.

Metto a letto i bambini, mi cambio e salto in

macchina. Paola mi segue silente fino alla porta e appoggia un bacio distratto sulle mie labbra. In macchina alzo il volume dello stereo sperando che zittisca l'urlo di dolore che arriva dalle viscere. Invece niente, nemmeno i Metallica riescono nell'impresa e la memoria torna a quella sera in cui ho deciso che avrei parlato ad Antonio, che allora era mio marito, della mia relazione con Stefania.

La storia con lei era iniziata da pochi mesi, ma per me erano già troppi: per la quantità di bugie che dovevo dire ad Antonio, senza essere capace di tenerle a mente, e per i molti sensi di colpa aggrappati alla gola. Mi sentivo lacerata, spezzata, avvolta in una pellicola di cellofan che strozzava il respiro. Pensavo in loop a lui, a noi, ai bambini, al futuro, al passato. Un vortice di immagini, odori, sentimenti che scuotevano ogni fibra e mi lasciavano priva di forze. Mi sentivo sbagliata. Sempre. Una figurina sbiadita che si muoveva nei contorni di un palco troppo grande e troppo buio, in cui i corpi si fanno sempre più sfumati. La notte mi accompagnava nel sonno tra le lacrime. Al mattino solo il cuscino umido e le voci dei bambini mi riportavano alla realtà. Gli avevo confessato tutto una sera, sul divano. Avevo spento il film e acceso la coscienza. Antonio aveva ascoltato in lacrime ed era solo riuscito a domandare se fossi lesbica. Ho annuito senza aggiungere altro, se non altre lacrime. Mi aveva stretto a sé come fosse un naufrago e io il salvagente, anche se ero il peso che lo stava trascinando sul fondo. E lì, per la prima volta nella vita, ho capito quanto male può fare l'ultimo abbraccio. È un crampo doloroso che si attacca alla cassa toracica e si diffonde ovunque. Uno strappo lento, ripetuto all'infinito e lasciato a riverberare nello spazio vuoto. È come se il cielo si spaccasse e milioni di piccoli frammenti di vetro ti squarciassero la pelle scendendo sempre più in profondità. Avrei voluto potergli giurare che era uno sbaglio, un momento che sarebbe passato, ma le parole si sono appallottolate in gola. E poi sono uscita. Dalla sua vita. Dalla nostra famiglia e da ciò che chiamavo casa, lasciando in macerie tutto quello che avevo costruito.

Come quella sera di tanti anni fa, sono uscita anche adesso. Fuggire dal dolore mi riesce benissimo, solo che lui è più bravo a inseguirmi di quanto lo sia io a seminarlo. Sono decisamente una povera fallita con problemi relazionali, e mentre elaboro questo pensiero, proprio mentre sono in corsia di sorpasso, il cambio della macchina si stacca e mi rimane in mano. In una frazione di secondo realizzo che sto per schiantarmi. Non so come, neanche fossi la reincarnazione di Tazio Nuvolari[4], riesco a rimettere la leva al suo posto e a rientrare nella corsia di destra. Mi spavento talmente tanto che all'Autogrill successivo mi fermo a prendere un caffè. E compro pure le sigarette. Dopo quattro mesi senza tabacco è il momento giusto per mandare letteralmente in fumo i buoni propositi. Ho bisogno dei miei tempi. Se per accettarmi lesbica c'ho messo trent'anni, figuriamoci con il sentirmi una nonfumatrice. Fanculo. La macchina è in condizioni pietose: non ne può davvero più e non voglio più rischiare la vita guidando. Domani dovrò portarla dal meccanico.

A Firenze l'aria è umida, sa di erba bagnata e cemento. Cammino a passo svelto, con la borsa avvinghiata lungo il tronco e una grande concentrazione nell'evitare le pozzanghere in cui si riflettono i lampioni e le luci dei palazzi. Sulla porta del teatro noto una figura conosciuta: è Francesca, la mia ex fidanzata. Mi guarda con una faccia funerea:

«Chi non muore si rivede, eh!»

«Già. E anche gli zombie vanno a teatro. Beh, io entro, s'è fatto tardi. Sai tra lavoro, casa, cena, poi la nanna dei bambini...» le rispondo farfugliando, come se dovessi giustificarmi di avere una vita, e anche intensa.

4 *Tazio Giorgio Nuvolari* (Castel D'Ario, 16 novembre 1892 – Mantova, 11 agosto 1953) è stato un pilota italiano, universalmente riconosciuto come uno dei più grandi della storia dell'automobilismo mondiale.

«Non hanno un padre? Perché non ci pensa lui?»

«Perché hanno una madre che ha piacere di metterli a dormire.»

«A cacciarli a letto e a tirare su le coperte ce la può fare anche un uomo. O anche la tua fidanzata.»

Vorrei rispondere a tono, ma una stanchezza viscerale mi tappa la bocca. Ed è meglio così, non capirebbe comunque. Quando ho realizzato di essere attratta dalle donne, è stato chiaro fin da subito che tutti mi consideravano un animale mitologico collocato in un interregno paludoso che si estendeva dall'eterosessualità abbandonata all'omosessualità tardiva. Mi sentivo perennemente inadeguata e fuori luogo da ogni contesto. Gli etero mi guardavano schifati per aver tradito l'appartenenza al gruppo dei normali e gli omosessuali con il sospetto che si riserva ai parvenu. Col tempo ho imparato a rispondere a tono o a fare spallucce. E stasera spallucce battono tono per 2-0. Giro la schiena e me ne vado. Respiro. Inghiotto. Sipario.

Lo spettacolo è sicuramente bello, ma ho la testa in fricassea e non riesco a seguire, non saprei neppure se sul palco sta andando in scena Macbeth o i Muppets. Appena finisce, mi alzo di scatto e guadagno l'uscita rapidamente per non incontrare nessun giudice impietoso. Prego solo che il mio catorcio a quattro ruote mi consegni al letto di casa con le ossa al posto giusto. Per fortuna è così. I Metallica cedono il passo agli Smashing Pumpkins e plano incolume dentro il piumone leggero. Finalmente a casa, finalmente accanto a Paola.

Al mattino mi sveglio con due occhiaie da rockstar consumata e la voglia di fare una chiamata medianica ad Amy Winehouse per chiederle la dose giusta di barbiturici per porre fine alla mia sofferenza. Paola è già uscita e la caffettiera - pronta - troneggia sul fornello in attesa di adempiere al suo compito. Si arrabbia molto quando la preparo io, perché lascio sempre un po' di polverina sul lavandino. Mi immagino come la fatina del caffè: al posto della polvere magica spargo tracce di moka. Prima o poi mi ucciderà per questo.

Decido di chiamare Giorgio, il meccanico. Dopo tanti anni ancora mi chiedo se abbia evidenti problemi cognitivi o mi prenda in giro. Io spiego il problema della mia auto e lui ne risolve un altro, per lo più inesistente. Purtroppo, quando ho provato a cambiare autofficina, i risultati non sono stati migliori, il che mi fa pensare che la stoltezza sia una caratteristica che si acquista trascorrendo le giornate tra grasso e olio del motore.

«Ciao Giò, sono Arianna. Ti devo portare il catorcio, mi rimane il cambio in mano!»
«Portala, ma non so se riesco a guardarla in giornata. Comunque dai, alla peggio puoi sempre metterti a cantare "come si cambia per non morire".»
«Se fosse successo a te di sorpassare un camion a centotrenta chilometri orari e sopravvivere per miracolo, non avresti molto da ridere. Comunque arrivo tra poco, e tu cerca di sistemarla al più presto perché sono a piedi.»

Mentre cerco di guidare nel modo più prudente che mia madre consiglierebbe, stile vecchietta ipovedente incollata al volante, arriva un messaggio di Paola. Approfitto di un semaforo rosso per leggerlo.

`P. > Mi spiace per quello che siamo. Inizio seriamente a pensare che la nostra non sia davvero una famiglia, ma solo la somma di due nuclei coabitanti.`

Resisto all'impulso di lanciare il telefono dal finestrino e inghiotto bile, mentre le tempie iniziano a martellare. Vorrei ignorare questo sms, vorrei non rispondere, vorrei non sentire male ovunque. Mi fermo appena riesco e le vomito una risposta rabbiosa:

`A. > Sei tu che hai giocato a proporti come quella che adorava la famiglia. Inizio a pensare che l'unico motivo per cui sei venuta a vivere con me è perché avevi bisogno di un appiglio per cambiare vita, perché da sola non ne avresti avuto il coraggio.`

Sono consapevole che sto lanciando una bomba. Mi sento Gargamella nel villaggio dei Puffi: vorrei uccidere tutti e versare sangue bluette. Stranamente Paola non risponde al fuoco e io arrivo finalmente davanti all'ingresso dell'autofficina. Afferro il frontalino della radio e la borsa. L'occhio mi cade sul cambio a cui la tracolla si è agganciata. Il fatto che si sia rotto proprio quel pezzo pare un segnale del karma che mi invita a spezzare le catene a cui sono aggrappata. Entro. L'odore di benzina misto a grasso e ascella fetida punge le narici. Sono cresciuta negli hangar degli aeroporti militari salendo e scendendo dagli elicotteri parcheggiati. Mio padre è un pilota e fin da piccola mi immaginavo a corazzare per i cieli come Amelia Earhart, la prima donna che sorvolò l'Atlantico.

Una delle mie foto preferite è il ritratto di me treenne in braccio a papà, con casco e foulard giallo. Siamo seduti nella cabina di pilotaggio e guardiamo lontano. Da lui ho ricevuto gli occhi grigi, una mente portata al volo, anche pindarico, e un'abbondante dose di malinconia autunnale da spargere su tutte le stagioni della vita. I baffi no, per fortuna quelli li ha ereditati solo mio fratello.

Mi muovo cercando di intravedere Giorgio tra le auto sollevate sui ponteggi e quelle col cofano aperto. Lo trovo quasi subito. Mi viene incontro sorridendo:

«Ehi, quando ti decidi a buttare via questa carcassa?»

«Giò, come sai ho sbagliato lavoro, avrei dovuto fare il meccanico. A questo punto avrei i soldi per una bella macchina e le donne mi troverebbero irresistibile.»

Mentre pronuncio questa frase, che mi conferirebbe il titolo Miss Lesbo Butch, la lesbica che indossa solo due gocce di stereotipo prima di coricarsi, spunta da dietro una station wagon grigio perla una silhouette slanciata che cammina con passo deciso. È lei. È La Rossa della lavanderia. Sento Little Tony che intona Cuore Matto nella cassa toracica e un sorriso ebete che cerco di smorzare mi si stampa in faccia, ma La Rossa mi coglie in flagranza del peggiore dei reati: la demenza acquisita. Non posso permettermi il bis di figuracce e le cammino incontro cercando di sembrare disinvolta. Mentre cerco di richiamare alla mia memoria di bipede come si inscena una falcata da star, inciampo su un cavo e per poco non mi schianto dentro un parabrezza. La Rossa scoppia a ridere e il meccanico si gira e mi fulmina:

«Sempre detto che le donne fanno danni.»

«Solo superficiali e di poco conto. Ma che si mette un cavo così a tradimento? Dovrei farti causa, altroché.»

Glisso sulla conversazione perché la mia attenzione è tutta per La Rossa che osserva la scena pensierosa. Dico addio al secondo tentativo di sembrare figa: anche all'esame di riparazione ho fallito. Mi avvicino e decido di metterla sul ridere, tanto ormai il danno è irreversibile.

«Che buffo trovarti qui, sono quella della lavanderia... di ieri... non so se ti ricordi...»

«Quella del libro sulla scrittura creativa. Certo che mi ricordo di te.»

Attimo di panico. Non credevo l'avesse notato.

«Oh. Beh, piacere. Io mi chiamo Arianna.»

«Non poteva essere altrimenti, sei inciampata su un filo.»

«Ah ah ah, sì. Ma lui non è Teseo.»

Mentre indico Giorgio, lui lancia un'occhiata di sbieco e continua ad armeggiare per i fatti suoi.

«Piacere mio. Mi chiamo Clara.»

Ripeto il suo nome sillabandolo nella mente come fosse il suono più bello dell'universo. In quel momento la melodia delle sfere celesti è il suo nome pronunciato all'infinito. Ci pensa Giorgio a trascinarmi nel mondo reale:

«Allora Ari, che dobbiamo fare con questa macchina?»

«Buttarla non si può. Mi è rimasto il cambio in mano, come ti ho detto al telefono. Vedi tu e ricordati che posso spendere poco, ma tu mi tratti bene, vero?»

«Mettila dentro, finisco con la tua amica e poi la guardo.»

Sparisce dentro l'ufficio con Clara, lasciandomi in una risacca di pensieri che vanno dal "Madonna, quanto è bella!" al "Oddio, che gnocca della Madonna!". Il mio intelletto si paralizza di fronte alla figaggine ed emerge tutta la mia riverenza verso le divinità monoteistiche.

Il cellulare squilla, ma immersa come sono nei miei pensieri ci metto un po' a sentirlo. Lo estirpo dalla borsa dopo aver estratto due assorbenti, un fazzoletto usato, l'astuccio con le penne, l'agenda, tre quaderni di vario formato, un numero imprecisato di scontrini e il caricabatterie. È Paola. In quel momento mi assale un senso di fatica insopportabile, come se per rispondere dovessi spostare un sacco pieno di mattoni.

«Dimmi.»

«Quanto amore, eh! Se ti disturbo riaggancio.»

«Ma no, scusami. È che sono dal meccanico ed ero un po' distratta, volevi dirmi qualcosa?»

«Solo sapere se sei arrivata viva con quel rottame.»

«Povera macchina, ha solo bisogno di un'aggiustatina. Come tutti.»

«Smettila di parlare degli oggetti come fossero persone, sei ridicola. Comunque secondo me dovresti cambiarla.»

«Paola, ne abbiamo già parlato. Adesso non sono nella posizione di...»

«Senti, davvero non mi va di discutere in continuazione. Comportati come credi. Tanto lo fai sempre!»

Butta giù. Senza nemmeno salutarmi, sapendo benissimo che per me equivale ad un'apertura delle ostilità, a una dichiarazione di guerra fredda senza possibilità di intermediazioni. È una modalità che fatico a perdonare a mia madre, figuriamoci a lei. Clara La Rossa sta per entrare nella sua macchina di lusso, di quelle che secondo me hanno pure un Ambrogio di serie pronto a servire cioccolatini. Si volta e mi illumina con un sorriso.

«Ciao Arianna. Mi ha fatto piacere conoscerti.»

Si è ricordata il mio nome! E ha detto che le ha fatto piacere! Beh, effettivamente le ho regalato dei momenti di impagabile ironia e goffaggine. Da che ho memoria, l'epiteto che mi hanno rivolto più spesso è proprio *buffa*. E poi, dai, nessuno sano di mente ti saluterebbe dicendoti "Che orrore averti conosciuto". Ari, devi tenere a freno la fantasia. Me lo ripeto da quando ho circa cinque anni, ma come mantra non si è mai rivelato efficace. Clara riparte, portandosi dietro il filo dei miei pensieri intrecciati. Giorgio si avvicina, sfoggiando una smorfia beffarda.

«Bella, eh?!»

«Bella è riduttivo.»

«Sei peggio di me. L'ho visto che ti piaceva. Io per queste faccende c'ho occhio.»

«Se quella Punto potesse parlare avrebbe detto che era stupenda. Hai visto che sorriso?»

«No, in realtà le ho guardato il culo.»

«Hai ragione, scordo sempre che sei un uomo.»

«Ah, certo. Perché voi donne vi scambiate solo coccoline sul divano e guardate film?»

«Ma no! Scherzavo, dai! Però secondo me guardi troppi porno.»

«Vuoi sapere della tua macchina o vuoi discutere di cinema?»

«Sì, ma prima vorrei sapere chi è lei.»
«È la seconda volta che viene da me, a quanto ne so abita a Milano. Sarà che io sono più bravo dei meccanici milanesi» sogghigna scoprendo i denti. Io, di rimando, inarco un sopracciglio. Lui ne approfitta per rilanciare:
«Magari ha un fidanzato qui, si vede che anche come amanti i toscani sono migliori dei milanesi. Ma tu non sei impegnata?»
«Beh, sì. Sono solo curiosa.»
«Mah, sarà...»
«Senti Freud, facciamo così: o mi dici il cognome della Rossa o ripari la macchina gratis. Per la terapia ho già un analista, grazie.»
«Che ne so io del cognome, ci parlavi tu!»
«Ma scusa non le hai fatto un lavoro?»
«Sì, le era scaduta la revisione.»
«E allora ce l'avrai un nominativo, la fotocopia di un documento, qualcosa!»
«È vero! In ufficio...»
Percorro saltellando i pochi metri che mi separano dal bugigattolo buio in fondo all'officina, sentendomi uno gnomo alla ricerca della pentola d'oro.

In questo momento il mio unico obiettivo è sapere chi sia Clara La Rossa. Giorgio cerca tra le scartoffie polverose e io non riesco a scollare gli occhi dalle sue mani che frugano alla ricerca di ciò che m'interessa. Finalmente estrae un post-it spiegazzato. Lo passa lentamente da una mano all'altra, solo per il gusto di tenermi sulle spine.

«Si chiama Clara Bianchi.»

«Mi prendi in giro?»

«Perché?»

«Perché è un cognome troppo banale. C'era pure la pubblicità con Mario Rossi e Luigi Bianchi.»

«Scusa, ma che ti frega del cognome?»

«Nulla, volevo cercarla sulle Pagine Bianche e farle scherzi al telefono! Dai, Giò. Vabbè, lasciamo perdere. Senti, ma la macchina?»

«Me la devi lasciare per almeno tre giorni, non riesco a sistemarla prima.»

«Allora girerò in autostop. Non è che mi dai almeno uno strappo a casa?»

«Va bene, chiamami domani che valuto i danni. E aspetta dieci minuti che intanto chiudo.»

Durante il tragitto vorrei soltanto fantasticare sulla Rossa, ma il mio autista ha altre idee e attacca con le domande a raffica.

«Senti Ari, è un po' che te lo volevo chiedere... ma com'è andata esattamente? Hai capito che ti piacevano le donne, ti sei fidanzata con il generale Patton e hai lasciato Antonio?»

Non ho nessuna voglia di raccontare la mia storia per l'ennesima volta e cerco di tagliare corto.

«Più o meno. Solo che prima di Patton ho avute altre due donne.»

«Scusa, ma di solito uno non se ne accorge prima che è gay... lesbica cioè... omosessuale?»

«Dipende, Giò. Qualcuno lo capisce prima, qualcuno dopo. Non è che esista una regola.»

Qualche attimo di silenzio e la testa torna all'incavo del collo della Rossa. Ma la pace dura poco.

«E i tuoi come hanno reagito? E lui? E i bambini?»

Taccio, alzando gli occhi al cielo. Dover fornire continue spiegazioni è pesante, soprattutto perché spesso il movente di tante domande è una curiosità pruriginosa. Ma Giorgio è sinceramente interessato e, con un po' di riluttanza, rispondo.

«Antonio ha sofferto, non perché mi piacessero le donne, ma perché era innamorato. Tu sei mai stato lasciato? Ecco, fa un male porco. I miei genitori pensavano fosse una crisi passeggera, una malattia virale da cui sarei guarita. I bambini, invece, non hanno battuto ciglio. Per fortuna non hanno la testa piena di pregiudizi e luoghi comuni sull'omosessualità. Erano solo preoccupati di dover rinunciare all'amore di uno dei due genitori o essere obbligati a scegliere con chi vivere. Soddisfatto?»

«Sì, ma non ti arrabbiare. Volevo soltanto capire.»

«Sì, ti credo. È che ormai non ne posso più di ripetere questo racconto. Insomma, se avessi lasciato Antonio per Luigi il palestrato nessuno si sarebbe sorpreso.»

«Beh, devi ammettere che non è tanto comune.»

«No, guarda, è più diffuso di quanto pensi. Solo che molte persone hanno paura delle reazioni altrui e preferiscono tacere o dichiarare che abitano con un amico o un'amica.»

Finalmente nell'abitacolo torna la calma. Clara. Bianchi. Come posso cercarla? Penso all'eventualità di mettermi veramente a sfogliare l'elenco delle Pagine Bianche e nel frattempo mi accorgo di essere arrivata davanti casa. Dentro c'è il silenzio.

Realizzo che questo è il giorno in cui Paola accompagna sua figlia a pallavolo e, dopo l'allenamento, si fermano a cena da un'amica. Non ci sono neppure i miei figli, in trasferta dalla madre di Antonio, da me ribattezzata "la perfida strega". Sì, forse avrei potuto trovare un epiteto più fantasioso, ma si è comportata talmente male da avermi azzerato persino la capacità di cercarle un nomignolo simpatico. La PF (perfida strega) aveva sospettato che tra me e Antonio ci fosse qualcosa che non andava. Tra una lavatrice e un bucato da stendere, si era messa a frugare nei miei cassetti e nelle mie borse finché non aveva scovato una lettera che lasciava pochi dubbi sul mio orientamento e sull'esistenza della relazione extraconiugale, dal momento che la firma era di Stefania. Non paga dell'azione, aveva portato con sé la lettera per mostrarla al marito e al figlio. Fortunatamente Antonio era già al corrente di tutto, grazie alla mia confessione notturna sul divano, e aveva cercato di contenere le ire materne. Se Antonio fosse stato un altro tipo di uomo, forse il mio nome comparirebbe nell'elenco delle vittime di femminicidio. Anche lui, come tanti altri, è stato cresciuto da quella categoria di madri che suggerisce ai figli maschi una visione delle mogli relegate a proprietà non cedibili a terzi, ma solo da gettare nell'umido. Cerco di buttare questi pensieri angoscianti al di là del filo spinato che ogni tanto mi avvolge la mente. Con il tempo ho imparato che le energie sono preziose e meritano di essere spese per progetti più gioiosi; come fissare la polvere che si posa lieve sulla libreria. Da quel giorno la PF evita il contatto con me e, se i miei figli mi nominano in sua presenza, vengono brutalmente messi a tacere. Con indolenza inizio a raccogliere giochi in giro, a piegare mutande e a cercare l'anima gemella di ogni calzino rimasto solo dopo la lavatrice precedente. Non sono brava ad accoppiare me stessa, figuriamoci dei pezzi di cotone colorato. Abbandono sconsolata l'impresa e apro il frigo cercando di assemblare una cena, ma sono troppo stanca e mangiare da sola non mi è mai piaciuto. Così finisco per abbrutirmi aprendo una scatoletta di tonno e un pacchetto di crackers. Consumo il mio pasto triste in silenzio e in piedi, appoggiata al lavello della cucina. La casa vuota mi opprime. Somiglia a un giocattolo rotto lasciato in un angolo da bambini che, dopo averlo usato, lo hanno buttato distrattamente e sono corsi a giocare in giardino. Odio questa assenza di vita, mi fa sentire colpevole. Percorro le stanze e il rumore dei passi sembra un rimprovero, un lamento. Penso a come fosse vitale quando ci siamo trasferite qui, alla prima volta in cui l'abbiamo vista, ai lavori per renderla abitabile, alle pause sedute in giardino sfinite a mangiare un panino col salame, mentre i bambini giocavano ed esploravano i dintorni. Vorrei non sentire le voci che gridano di nuovo che sono sbagliata, che non ne faccio mai una giusta. Piango. Un pianto asciutto e poco liberatorio. Ultimamente soffro di stipsi emotiva. Gli occhi si gonfiano, ma poi tutto rimane lì. Mi sveglia il rumore della porta che si apre e sobbalzo sul divano. Mi sono addormentata e ho pure sbavicchiato il mio cuscino preferito.

«Vanessa, le scarpe nella scarpiera, non per terra!»

Mentre sento Paola pronunciare queste parole, il mio cervello ancora nella fase del dormiveglia immagina un mondo bellissimo, popolato di botole installate sotto lo zerbino che si attivano, come per magia, quando le persone arrivano a casa; buchi magici in cui entrano le scarpe ed escono delle babbucce fatate che avvolgono i piedi. Paola ha adottato, con gioia, l'abitudine di togliere le scarpe sulla soglia di casa - dopo aver scoperto che gli ambienti rimangono più puliti - ma odia visceralmente che non vengano immediatamente riposte. Questa dicotomia tipica dei disordinati che pretendono ordine se la trascina dietro un po' ovunque, è la sua coperta di Linus, come il fatto che vuole una famiglia, ma non sopporta di avermi in giro per casa. Anche a me succede, ad esempio quando penso di mettermi a dieta e poi vado al supermercato a fare scorta di carboidrati complessi. Forse dobbiamo solo accettare di essere fatti della stessa sostanza della pizza e della bipolarità. Mi sollevo sui cuscini puntellando un gomito e con voce impastata chiedo:

«Ciao Vanessa, è andato bene l'allenamento?»

«Sì, Ari, oggi c'era anche una bambina nuova, sai? Si chiama Alice. È simpaticissima, bionda, con le lentiggini e poi, allora, a fine allenamento ci ho parlato e le ho raccontato un po' di cose, perché lei si è appena trasferita. E allora io le ho detto che ci vuole un po' di tempo per ambientarsi, come è successo a me e che le persone qui sono simpatiche e per dimostrarglielo le ho raccontato che, ad esempio, mia madre è fidanzata con una donna - che saresti te - e che io ho due "fratelli" acquisiti - che sarebbero Michele e Vanessa - e lei non ci credeva che ci chiamiamo uguali. Ma solo perché non aveva capito che io sono Vanessa - detta Vane - figlia di Paola e l'altra Vanessa è figlia tua - e la chiamiamo Lalla - per non sbagliarci.»

Mentre parla a raffica incrocio lo sguardo di Paola. Le viene da ridere, ma si trattiene e interrompe il flusso di coscienza della figlia intimandole una doccia veloce. Entrambe sappiamo che la sua rapidità nel lavarsi è inversamente proporzionale a quella che utilizza nella chiacchiera. Per fortuna abbiamo due bagni, altrimenti più di una volta sarei dovuta ricorrere all'orto come gli antichi. Mentre la figlia schizza sulle scale, Paola si siede sul divano accanto a me. Mi guarda come fossi un soprammobile, un contenitore di vetro talmente impolverato da non riuscire ad individuarne il contenuto.

Decido di trascinarmi nel letto e farmi inghiottire dal torpore.

2.
Passo incrociato

È mattina. Apro gli occhi e mi giro dal lato di Paola, ma il letto è già vuoto. Di lei rimane la forma della testa sul cuscino. Raramente la trovo al risveglio: la sera lavoro al PC fino a tardi e la mattina dormo più a lungo di lei. Rimango in ascolto delle voci che giungono dal piano di sotto. In cucina Paola e Vanessa stanno chiacchierando ma, visto che non ho impegni e i miei figli non ci sono, mi godo ancora un po' il riposo. Se scendessi mi sentirei il solito terzo incomodo. Vanessa è molto gelosa della madre e fatico a trovare spazio tra loro due. Accendo la luce, allungo la mano e con un occhio ancora chiuso prendo il telefono per controllare gli account social. Ormai è il primo gesto dopo il risveglio. Cerco di smistare velocemente le notifiche, rispondo alle più urgenti e a quelle delle pagine Facebook dei clienti. Non ne posso più dell'iperconnessione. Ho sempre lo smartphone in mano, non ci sono feste e non ci sono orari; persino i miei figli mi sfottono dicendo che vivo con gli occhi incollati allo schermo e le dita in movimento. Esaurito il dovere, continuo a scrollare la home di Facebook in modo ipnotico finché non mi viene in mente di provare a digitare "Clara Bianchi". Come previsto ci sono diverse utenti con quel nome. Una è moretta con le treccine ed è una bambina, un'altra è rossa, ma non è lei. Scorro diversi profili, niente. Del suo viso non c'è traccia. Due donne, però, hanno una foto in controluce da cui si intuisce solo una sagoma e sono tentata di chiedere loro l'amicizia, dopo il tentativo inutile di scovare qualche altro indizio da una sezione Informazioni del tutto blindata. In realtà, poi, non so nemmeno se voglio chiederle l'amicizia o solo sbirciare un po' la sua vita, conoscerla senza farmi vedere. Anche perché non posso contattarla così, cosa potrei dirle?

"Ciao Clara, sono Arianna. Ti ricordi? Quella che fissava la lavatrice e diceva cagate. Sì, dai, quella che stava pure per uccidersi dal meccanico!"
No, mi vergogno. La terza figura di merda sarebbe troppo anche per me. Mia madre mi ha cresciuto sostenendo a gran voce "Se non sei certa di avere qualcosa d'intelligente da dire, allora taci". Non poteva certo immaginare che poi, forse anche per *revanche*, mi sarei buttata nella comunicazione in ogni sua forma: dal canto, al teatro, passando per la radio, la scrittura e la formazione. Mancano all'appello solo il codice morse e il linguaggio dei segni - che mi piacerebbe imparare - per il resto le parole sono il mio pane quotidiano. L'unico problema è spiegare che lavoro svolgo agli over cinquanta. Ricevo sempre sguardi allibiti, curiosi o vacui. Mia madre ancora si limita a raccontare la mia professione con "fa delle cose al computer". Che io gestisca una piattaforma di gioco d'azzardo, un canale porno o scriva romanzi, per lei non fa differenza. Abbandono l'idea di trovare La Rossa, che poi, qual è il motivo di questa fissazione? Sono così disperata con Paola che ho bisogno di deviare i pensieri altrove? Meglio evitare. Come mi è venuto in mente anche solo per un attimo? Io amo Paola, Paola mi ama, anche se adesso siamo un pochino in affanno come coppia. Cosa voglio ancora dalla vita? Ho due figli belli e sani, dice mia madre, e

ho già mandato al macero il matrimonio con Antonio. Voglio commettere lo stesso errore? Giammai! Io adoro cambiare. Pure gli errori.

Mi alzo svogliatamente, come cantava Vasco – e sebbene non l'abbia mai potuto soffrire, mi tocca riconoscergli un certo merito per l'abilità con cui si infila nelle orecchie di tutte le generazioni - e affamata mi tuffo nel frigo. Ci sono diversi contenitori pieni di cibo già preparato. Paola non delega niente al caso. E nemmeno a me. Mentre fisso la colonna infame di Tupperware, vorrei tentare un atto di ribellione e prendere quel sacchetto di porri e farne un tortino insieme al miglio, ma il viso accigliato di Paola si affaccia alla mia mente e ripongo le idee rivoluzionarie nel cassetto delle verdure. Il suono del cellulare mi strappa dai pensieri. Guardo il display: è mia madre. Decido di ignorarla e prepararmi la colazione. Sarà una lunga telefonata e non posso affrontarla a pancia vuota. Mia madre è una creatura mitologica come Cerbero, il Giano Bifronte, le sirene e gli unicorni e, come ogni essere fatato, ha dei poteri magici. Lei possiede la dote infallibile di subodorare il caos molto prima che si formi e di prevedere le sciagure con notevole anticipo. Difficilmente riesco a nasconderle la verità e ho un sacro terrore di essere scoperta a mentire.

Per anni sono stata tormentata da una marachella che all'epoca dei fatti - ero bambina - mi era parsa di una gravità estrema. Avrò avuto all'incirca sette anni e avevo preso un "visto" sul quaderno di matematica. Il "visto", a quei tempi, era l'apoteosi del voto orribile, era il compito talmente brutto che la maestra, per non infierire, preferiva dire che sì, l'aveva visto, ma sarebbe stato meglio non pronunciarsi. Anni dopo sarebbe stato equivalente al "è intelligente, ma non si applica". A sette anni, comunque, quel "visto" mi traumatizzò a tal punto che decisi di farlo sparire. Così, una volta arrivata a casa, strappai la pagina incriminata e, per paura di essere colta in flagrante, decisi di buttarla sul terrazzo dei vicini di casa. La scelta non fu azzeccata perché per il decennio successivo vissi i peggiori tormenti. Avevo paura che i vicini suonassero alla porta brandendo il foglio strappato con su scritto "visto". Ho trascorso anni nel terrore che potessero svelare ai miei genitori l'orribile misfatto e che loro vivessero l'onta di avere una figlia somara e bugiarda. Per fortuna i vicini non si sono mai presentati, anche perché nel frattempo ci eravamo trasferiti a cinquecento chilometri di distanza, e sono stata io stessa a confessare il crimine perché avevo iniziato a soffrire d'insonnia. Da mia madre e dalla morte non si scappa. Almeno dalla prima no. E ne ho le prove.

Mentre l'acqua borbotta nel bollitore e il cellulare squilla di nuovo, sospiro, faccio scivolare il dito sul tasto verde e rispondo.

«Non ti sento mai...»

«Mamma, se mi stai parlando significa che ci senti ancora.»

«Dai, sei sempre la solita cretina. Potresti chiamare, no?»

«Mamma, per dirti cosa? Faccio sempre le solite cose...»

«Sì, i soliti casini. Più o meno da quando hai imparato a camminare...»

«Dai, mamma... non sono dell'umore...»

«E quando mai lo sei? Senti, invece, siccome non mi racconti niente, ho chiamato Paola e mi ha detto che non ci sarà domenica a cena. Posso sapere cosa sta succedendo? Questa almeno sembra una persona per bene, non come quelle tizie con cui uscivi dopo che hai mollato quel santo di Antonio. Insomma, non vorrai mica lasciare anche lei?»

Quando mia madre incalza, non c'è scampo. So che se provassi a dissimulare non se la berrebbe, ma non saprei nemmeno cosa dire, perché la mia situazione con Paola non è chiara nemmeno a me. Mia madre è anche un temibile essere normativo-autoritario, diventa amabile e simpatica solo a contatto con le mie amiche, che la trovano adorabile. Alla notizia della mia separazione ha mostrato la stessa pacatezza di quando le avevo comunicato che mi sarei sposata incinta: una tragedia omerica, a confronto, sarebbe sembrata una puntata di *Friends*. Della mia omosessualità non è mai stata molto convinta e, dopo averla inizialmente liquidata come "periodo", una sorta di ciclo lesbico - in effetti avrei potuto approfittarne e andare in giro a mettere la lingua in bocca a quelle che mi piacevano per poi giustificarmi con "Scusa, ho il mio periodo" - da quando sto con Paola pare essersi rasserenata. Paola proviene da una buona famiglia, ha un lavoro statale e tanto basta a regalare a mia madre, se non sonni tranquilli, almeno meno agitati degli anni precedenti. Adesso anche questa parvenza di certezza sembra minacciata e lei proprio non ci sta.

Il trillo del campanello mi salva da un terzo grado di tipo militare, saluto in fretta e mi precipito alla porta. Per fortuna non c'è nessun rappresentante di qualche setta sfigata e nemmeno qualche povero venditore con cui in genere solidarizzo offrendogli un caffè, mentre mi racconta di quanto sia triste vendere aspirapolveri porta a porta con due lauree e tre master. Sbircio dalla finestra e noto il camion del corriere. Come sempre un guizzo di euforia simil-natalizia mi pervade quando arrivano i libri che ho ordinato. Apro la porta e, invece del ragazzo con la barba, appare una biondina sorridente che a malapena riesce a sorreggere lo scatolone. Non ho tempo, però, di compiacermi abbastanza perché il mio interesse è tutto assorbito dal contenuto della scatola. E, a dirla tutta, avrei voluto sì essere bionda, ma dalle bionde non sono attratta.

L'odore dei libri mi dona la pace che nessuna fontanella zen e sabbiera da pettinare riuscirebbero a regalarmi. Li sollevo uno per uno dalla scatola, li soppeso, li annuso, faccio frusciare le pagine, li accatasto sul comodino. Temo di essere patologica, quanto meno nell'illudermi di avere più tempo a disposizione di quanto ne abbia in realtà. Se anche morissi vecchia, i miei eredi troverebbero torrette di libri mai sfogliati.

Cerco Paola per proporle un caffè, ma non la trovo in cucina, dove ero convinta che fosse. La chiamo, ma non ottengo risposta. Salgo allora le scale, sbircio in camera. Niente. Proseguo la ricerca nelle altre stanze. Il vuoto. Finalmente la trovo. È seduta sul letto nella camera degli ospiti intenta a scrivere al telefono.

«Camera nostra non ti piace più?» le domando.

«Sciocchina, ero venuta ad aprire le finestre e poi mi sono distratta su Facebook.»

Mi dirigo verso la finestra per aprirla. Prima di scendere mi giro e le sfioro la testa con un bacio che non sembra neppure avvertire.

Nel mio studio c'è una calma surreale. Forse è l'unico posto in cui mi sento a mio agio, qui dentro. Nel resto della casa mi muovo come fossi un ospite troppo ingombrante. Certo, a parole Paola mi rassicura, ma nei fatti è lei a prendere tutte le decisioni in merito alla gestione della casa, dalla scelta del mobilio alla disposizione della dispensa. A volte mi sento anche un po' il quarto figlio che viene sgridato se lascia un oggetto in disordine. Mentre il PC esegue gli aggiornamenti, lo sguardo mi cade fuori dalla finestra. Una nebbia ovattata avvolge gli alberi e la ferrovia davanti casa in un'atmosfera sospesa. Amo l'autunno da sempre. In assoluto è la stagione che mi dà più gioia. Dai colori caldi alla temperatura fresca ai caminetti accesi, tutto evoca un senso di pace e di riposo. Evidentemente ci attrae ciò che ci manca di più.

Il PC ha finito di aggiornarsi e posso iniziare a lavorare. Apro la casella e-mail: un cliente mi comunica che ha effettuato il bonifico di una fattura inviata “solo” quattro mesi prima. Gioisco. È incredibile come ci si rallegri per eventi che dovrebbero essere la norma e invece rappresentano l’eccezione. Passo in rassegna il calendario editoriale e apro un po’ di file, pagine social e blog da scrivere. Nel frattempo Skype lampeggia all’impazzata con la consueta chat che utilizzo con collaboratori, allievi, colleghi e le renne di Babbo Natale. Anche loro usano Skype. Inizio a sentirmi accerchiata dalle notifiche e in generale dal mio lavoro. L’obbligo di essere sempre sul pezzo mi procura un senso di oppressione toracica e un’accentuata tachicardia, segni inequivocabili della necessità di un cambio di rotta. Mi hanno sempre definita un’irrequieta. Forse ho un errore di programmazione che mi impedisce di essere come gli altri e sentirmi felice. La prima volta che ho avuto questa sensazione ero in terza elementare. Sul sussidiario dovevo rispondere alla domanda “Quale mestiere svolgerai da grande?”. Ho ben impresso il viso sconvolto dell’insegnante e il sarcasmo dei miei compagni quando ho letto la mia risposta: Da grande farò la maestra, la veterinaria e l’esploratrice. Ricordo la frustrazione di aver dovuto cancellare quanto scritto e del non riuscire a scegliere. Qualche anno dopo la scena si è ripetuta, questa volta alla voce Sport&Hobbies. Ho lasciato il nuoto per il karate, il karate per lo spinning, lo spinning per la danza. Ho fatto teatro, mi sono iscritta a un cineforum, frequentato un corso di fitoterapia, imparato la tarologia e studiato il folklore esoterico e molte altre attività giudicate inutili. I miei genitori sgranavano gli occhi ad ogni cambiamento. Stessa reazione, a perplessità crescente, fino ad arrivare a stupore prima e costernazione poi, quando ho cambiato corso di laurea a sei mesi dall'iscrizione. Incomprensione e biasimo anche quando ho intrapreso carriere e collaborazioni intrecciate e poco comprensibili a chi ha vissuto il mondo del lavoro della prima repubblica. In un mondo in cui tutti sembrano sapere dove voler andare, io, che sono curiosa ed esploratrice per natura, mi sento strangolata da ogni costrizione, etichetta e lavoro monotono. Quando divento brava in una cosa ho necessità di mettermi alla prova con altro e temo la noia come la strega di Biancaneve temeva la vecchiaia e la bruttezza. Col tempo mi sono resa conto che ciò che di me attrae le altre persone, è poi ciò che le respinge. Credo che nemmeno Paola sia sfuggita a questa dinamica.

Prima di mettere piede in questa casa ci sentivamo una coppia indistruttibile, come quelle dei film, tanto solide che niente e nessuno può dividerle; adesso ci guardiamo senza vederci, come due animali a cui è cambiato l'odore della pelle e che si sentono estranei l'uno all'altro. Nemmeno la voglia di dialogare e indagare sembra efficace. Anzi. Ogni volta Paola scappa come se tentassi di torturarla. Mi viene da piangere e ricaccio indietro una lacrima.

Nel frattempo scrollo Facebook di nuovo, con la stessa compulsione con cui, ogni volta che entro nella cucina di mia madre, apro il frigo. Un colpo al cuore. Mi cade la mandibola per lo stupore: tra le notifiche delle richieste di amicizia c'è lei, La Rossa. Clara Bianchi mi chiede l'amicizia, anche se su Facebook è Lisa Carroll, ma la foto è inconfondibile. Clicco sul tasto per confermare senza nemmeno riflettere. Tiro il fiato e mi guardo intorno come un bambino che sta rubando la Nutella dal vasetto. Mi sento un'idiota. Vorrei sbirciare il suo profilo, ma Paola mi chiama per ricordarmi che devo passare dalla segreteria didattica della scuola per consegnare un modulo per mia figlia Vanessa.

La segreteria didattica è come la tana del Bianconiglio. Gli orari di ricevimento sono i più fantasiosi, il migliore è quello della scuola dei miei figli: dalle 12 alle 13,30. È un orario terribile per chi lavora, ma pure per la casalinga di Filettole e, se fosse in vita, anche per mia nonna che "al tocco si mangia e non si accettano ritardi". Infrango gli insegnamenti di nonna e mi metto in coda. La segretaria sembra riconoscermi e chiede se sono la mamma di Vanessa.

«Sì, sono io. Devo consegnare il modulo dell'assicurazione.»

«Prego, mi dia pure.» Le passo il foglio.

«Mi scusi signora… ma il cognome di sua figlia non è Mori?»

«No, quello è il cognome della figlia della mia compagna.»

«Ma non è Vanessa?»

«Sì, è Vanessa, ma non Vanessa mia figlia. Mia figlia si chiama Vanessa Benedetti. Vanessa Mori è la figlia della mia compagna.»

«Ah… del compagno.»

«No, compagnA. La madre di Vanessa Mori è la mia fidanzata.»

Dopo aver sbrigato la pratica, il suo sguardo interrogativo mi segue fin sulla porta e mi viene da ridere. Sono scene che ci accompagnano ovunque. Dalla modulistica dell'anagrafe a quella per l'iscrizione a scuola, appare evidente che la burocrazia è al passo coi tempi. I tempi di mia nonna.

Torno a casa e lancio la borsa sulla cassapanca all'ingresso. Paola appare da dietro la porta, mi becca e mi fulmina con lo sguardo. Fingo di non notarla e mi chiudo nello studio. Il PC è ancora acceso. Per fortuna non ho amanti misteriose da gestire, mi beccherebbero subito considerando che lascio sempre in giro il telefono e il portatile spalancato. Per prima cosa faccio un bel refresh a Facebook, perché sono curiosa di guardare il profilo di Clara. Contemporaneamente si apre il *pop-up* di Messenger. È lei.

```
C. > Ciao! Sono Clara, quella della
lavanderia e del meccanico, ti ricordi?
A. > Certo che mi ricordo!
C. > Come stai? Che fai di bello?
A. > Niente, solite cose: lavoro, bam-
bini, casa.
C. > Bambini?!
```

Non so se sono io che mi esaspero di fronte a questo argomento, ma sembra che ci sia un po' troppa enfasi in quei segni d'interpunzione. Chissà perché tutti hanno un proprio insindacabile e perentorio giudizio sui bambini. Li hai da giovane? Sei un'incosciente. Li hai in età adulta? Sei un'egoista. Li adotti? Sei *radical chic*. Non li vuoi? Sei una megera. Non li hai, ma li avresti voluti?

Sei una sfigata. Pochi argomenti, come quello dei bambini, suscitano tanta malvagità dialettica sul corpo delle donne. Da quando mi sono scoperta lesbica, poi, ho riscontrato molta diffidenza nei miei confronti. Dopo accurate indagini sociologiche e statistiche, ho concluso che le lesbiche senza figli guardano con sospetto le madri eterosessuali convertite; chi invece, munita di prole, si scopre lesbica è guardinga nei confronti di quelle che ignorano la fatica delle nottate in bianco e della cacca acida da pannolino. Non importa a quale categoria tu appartenga: accoppiarsi diventa sempre più problematico.

```
A. > Sì, ho dei bambini. Ne tengo
sempre un paio in casa, per quando mi
viene fame...
C. > Dai! Ma sono figli tuoi? Ma non
sei piccoletta, tu? Sembravi già
troppo giovane per un matrimonio e una
separazione...
A. > Sono diversamente anziana. Comunque
sì, sono i miei figli.
C. > Ma dai che bello! E come si
chiamano?
A. > Michele e Vanessa.
```

C. > E l'altra bambina che vedo spesso nelle foto?
A. > Ti sei data un bel daffare a sbirciare le foto, eh? Dai, ti perdono, in fondo con le figuracce che ho fatto io... La bimba mora si chiama Vanessa ed è la figlia della mia compagna.

Aspetto la sua reazione. Sta scrivendo da un po' e mi innervosisco nel vedere i tre puntini che ballano insistentemente sullo schermo. Dopo un lungo valzer arriva la risposta.

C. > Anche io avrei voluto dei figli, sì, insomma, li vorrei ancora, ma pare che non ci siano le condizioni ideali. In passato non c'era la sicurezza economica, adesso, forse, non c'è la persona giusta.

L'argomento si fa interessante, ma si apre la chat di Skype: una riunione con un cliente che avevo completamente resettato dalla mia labile memoria a breve termine. La giornata passa tranquilla tra impegni vari. Quando vado a letto, Paola dorme già.

La mattina mi sveglio con la sensazione di aver passato la nottata in miniera. Solita routine. Colazione coi bambini, Paola esce e mi comunica che tornerà per pranzo. Scrivo un paio di articoli per un portale online, poi una telefonata con il commercialista. Maledico il fatto di dover lavorare a partita IVA. Troppe tasse, zero diritti e nessuna certezza economica. Certo, sono autonoma nello scegliere i clienti e gestire il tempo, ma come sempre la libertà ha un prezzo. La prima volta che mi ha parlato del regime dei minimi ho subito pensato al mio catorcio che si spegne quando è giù di giri, e mi sono domandata perché Giorgio avesse chiesto aiuto al mio commercialista per regolare il minimo. Ci sono giorni in cui io stessa mi sentirei più rilassata in officina, pur non capendo niente di meccanica, che nel dover comprendere le norme astruse e criptiche che lo Stato impone periodicamente. Quando penso alla carriera di *freelance* ho la sensazione che, anziché scegliere la libera professione, io abbia fatto una professione di Fede con tanto di Libro Mastro e nessuna garanzia.

Mi concedo un caffè e intanto scorro Facebook. Un post sulla bacheca di Clara cattura la mia attenzione. Noto che ha cambiato la foto profilo.

Dal momento che sui social non lascio misteri sulla mia vita e sulla composizione della mia famiglia, il fatto che non mi abbia ancora bloccata, lascia presumere che sia simpatizzante per la causa LGBT. Decido di dedicarmi ad un'analisi più approfondita del suo profilo. Inizio dagli ultimi post:

> Frankenstein Junior
> Citazioni da *radical chic*
> Foto di Milano
> Foto di lavoro
> Condivisioni di pagine che mi piacciono
> Foto con una tipa
> Foto con un'altra tipa
> Foto di palloncini colorati, sembra una festa.

Guardo con maggior attenzione, perché quest'ultima foto mi è familiare e ho come la sensazione di averla già vista. Incredula ingrandisco l'immagine. Sono quasi certa che sia quella della scuola di Vanessa, scattata dopo la recita di fine anno scolastico. Ma com'è possibile? Sono indecisa se indagare con lei, ma decido di agire con cautela e aspettare.

Il telefono squilla: di nuovo mia madre. La nostra chiacchierata per fortuna è breve. In realtà voleva parlare con Paola, ma ha chiamato me perché lei non risponde. Mi mancava soltanto di dover fare la segretaria a Paola. In effetti, però, non è da lei dato che ha sempre il cellulare in mano. Provo anche io a telefonarle, ma gli squilli si esauriscono senza nessuna risposta. Insisto una, due, cinque volte. In queste situazioni vengo assalita dal panico. Non so perché, ma quando qualcuno non risponde penso sempre al peggio in un climax ascendente di catastrofismo. Temo la morte delle persone care più della mia, anche se invecchiando ho sviluppato un'ipocondria di discreta rilevanza.

Quando ero piccola mi alzavo ogni mattina all'alba per salutare mio padre, con il terrore che non rientrasse dal lavoro. Come accade a molte bambine, lui era il mio eroe. Purtroppo credo di non essere la figlia che avrebbe voluto. Anzi, ne sono certa. Sia lui che mia madre avrebbero desiderato per me un futuro diverso: più tradizionalista, più comprensibile e accettato dalla società. La mia innata curiosità verso il mondo è stata vissuta come un pericoloso limite, più che come una dote. Abbiamo sempre discusso ferocemente, come se una spessa cortina di nebbia ci impedisse di comunicare ma non di morderci. Le poche volte che abbiamo provato a trovare un varco, ci siamo trovati più persi e distanti di prima. E non c'entra la questione dell'omosessualità tardiva. Ho la sensazione di essere la figlia stramba che va tollerata e che, in qualche modo, è stata fonte di delusione. Quel male minore che non si può debellare perché, in fondo, poteva andare peggio. Crescere sentendomi in perenne difetto non mi ha certo aiutata nelle relazioni amorose. Sono sempre stata troppo timorosa del giudizio altrui e terrorizzata dall'abbandono, che avverto come inevitabile reazione al mio orribile carattere. Se sento di aver deluso le aspettative, mi ritraggo come un paguro, scappo, fingo forza per non mostrare il panico. Lascio per non essere lasciata. Avverto sovente lo sguardo di biasimo posato su di me. Mi sento troppo per essere apprezzata abbastanza. Anche con Paola si sta ripetendo lo stesso schema e in questo periodo mi trovo a tracannare caffè corretto all'ansia già dalla prima colazione.

Il telefono squilla ancora. Per fortuna è Paola che non è morta, semplicemente stava facendo la spesa e non aveva sentito le chiamate. Tiro un sospiro di sollievo e lascio cadere la polemica sul fatto che non fosse raggiungibile. Forse miglioro. O forse sono esausta. Prima di agganciare mi ricorda che dobbiamo portare i bambini dal dentista. Come segretaria sarebbe un portento.

Il dentista mi crea ansia quasi quanto il ginecologo e in genere quanto chi si occupa di scrutare cavità interne, ma con tre bambini diventa il professionista più frequentato dopo il panettiere. Al controllo periodico entriamo in cinque. L'assistente inizia già ad andare in confusione mentre scorre le schede dei bambini che abbiamo dichiarato, per praticità, essere fratelli. Il doppione delle due Vanessa è complicato da gestire. I bambini, ormai abituati a godersi la scenetta, sogghignano beffardi osservando la segretaria sudare freddo nel tentativo di capire chi è figlio di chi e come possono essere fratelli con due nomi uguali e due cognomi diversi. Anche io e Paola ci guardiamo sorridenti, preparandoci a spiegare i gradi di parentela biologica e a raccontare quelli del cuore. Alla fine della visita a sfoderare uno sguardo sornione è però il dentista: tutti e tre i ragazzini hanno bisogno dell'apparecchio e il preventivo è una dichiarazione di fallimento per noi e una vacanza di due anni ai Caraibi per lui. Mi maledico per essermi laureata nella disciplina sbagliata. Anche se mettere le mani in bocca alle persone non mi affascina, il risultato economico è del tutto invidiabile e forse non è peggiore del lavorare con le parole che da quelle bocche fuoriescono.

Per necessità ho svolto le professioni più disparate. All'università integravo la borsa di studio facendo un po' di tutto, dai mestieri più gettonati come barista, cameriera, baby sitter, ai più strambi quali speaker radiofonica e comparsa teatrale. Ho così imparato a fare ottimi mojito e a servirli imitando Marlon Brando. Mi piace stupire i miei interlocutori dichiarando che ho fatto anche la prostituta, alludendo all'estate in cui, diciottenne, ho impersonato un'allegra cortigiana del Momus nel secondo atto della Bohème. Di sicuro è stato il lavoro sottopagato che ho amato di più. Almeno disponevo di un truccatore che non si stancava di ripetermi che ero bellissima, di un paio di stivaletti di vernice, un boa rosso e una lunga parrucca bionda. Quelli sì che erano dei bei capelli.

A casa ci aspetta un po' di lavoro. Stavolta ci dividiamo i compiti, Paola ed io, lei cucina, io apparecchio e monitoro che i tre mostriciattoli si lavino a dovere. Specialmente Michele inizia a manifestare i primi segni di idrofobia adolescenziale e necessita di un controllo visivo ed olfattivo ravvicinato. Vorrei proporre a Paola di guardare un film accoccolate sul divano, ma mi anticipa palesando mal di testa e sonno. Mi lascio scivolare sotto coperta e provo a spegnere il cervello.

Magari esistesse il tasto magico che blocca i pensieri notturni. Sento il respiro cadenzato di Paola che dorme accanto a me, ma persa nei sogni o chissà dove. Siamo lontane. Sempre di più. Penso al disincanto, alla disillusione. Mi sorprende l'immagine di me bambina seduta sul divano del salotto, mia madre spegne la televisione perché vuole parlarmi. «Sei grande ormai» mi dice con voce dolce «è giusto che tu sappia che Babbo Natale non esiste.» Rimango di stucco. Ricordo il mio senso di disagio per aver creduto a una favola, a un'illusione. Mi allungo sul letto e stringo Paola consapevole che gli abbracci notturni non hanno mai trattenuto né i sogni né le speranze. Penso a quanti corpi ho abbracciato nella vita, a quanto calore scambiato poi rimasto lì a raffreddarsi. Chissà se l'amore è come il pollo della rosticceria. Entri affamato, l'odore ti cattura e pregusti la pietanza calda. Arrivi a casa il più velocemente possibile, scarti l'involucro e inizi a mangiare con avidità. Solitamente lasci il petto, pensando che lo finirai al pasto successivo. Ma al pasto successivo il suo aspetto è triste e la consistenza stoppacciosa e quasi insapore. Forse l'amore è proprio così. Ti attira, ne divori con voracità la parte più appetitosa e il resto diventa quasi indigesto. Le cose sono due: o compro pollo scadente o ignoro cosa sia l'amore. Quasi quasi divento vegetariana.

Sono le sette. La sveglia, la colazione, il PC da accendere. I rituali rassicurano, mi aiutano a fissare i punti fermi e a tendere la corda su cui camminare in equilibrio, anche se è ormai ridotta a un filo interdentale di pessima qualità. Apro Facebook e noto che Clara è online.

A. > Ciao, buongiorno :)

C. > Buongiorno a te, dormito bene?

A. > Sì, abbastanza. Tu?

C. > Non molto, è un periodo un po' caotico e sto per imbarcarmi su un aereo.

A. > Che bello! Vai in vacanza?

C. > No, è per lavoro. Sto andando a Copenhagen, lavoro lì dal lunedì al venerdì. Sono stanca morta...

A. > Ah! E che lavoro fai? Commerci merluzzi?

C. > No! Sono una consulente informatica.

A. > Figo! Allora quando mi s'impalla Windows chiedo a te.

C. > Per questo potrei levarti l'amicizia. Non mi occupo di questo!

Che acida, penso. Ma poi manda una linguaccia e colgo l'ironia. Spesso le chat non le capisco. Sono campionessa mondiale di fraintendimento dei toni. Le mie più grandi litigate le devo a incomprensioni su Facebook.

A. > Scusa, mi farò perdonare con una cassa di birra, ok? Dai, ti auguro buon volo e mi metto a lavorare.

Il cellulare suona furiosamente.

«Pronto, sono la maestra di Vanessa. Volevo sapere se ha avuto dei problemi, perché l'orario di uscita è passato da venti minuti e io devo andare via, ma non posso lasciare la bambina qui da sola.»

Non mi sono accorta del tempo trascorso, ma ci ha pensato la mancata responsabilità genitoriale a svegliarmi dal torpore. Non per niente sono la vincitrice indiscussa del premio DoppiaEmme, anche detto MammaMerda. A volte dimentico la merenda, altre la gita, una volta l'ho persino mandata a scuola in pantofole. Per fortuna, al momento, Vanessa la prende sportivamente, poi chissà quanto mi costerà di analista. Arrivo a scuola di corsa con i pantaloni della tuta e la maglia del pigiama opportunamente celata dalla giacca. Spesso quando lavoro da casa divento un tasso in letargo e mi vesto solo prima del pranzo, giusto per darmi una parvenza di decoro. Quando devo fare le videochiamate per lavoro, mi sistemo a mezzo busto: sopra business, sotto *sleeper*. Giacca e pigiama si abbinano perfettamente nel mio look semi-vincente per la donna semi-impegnata. Paola mangia al volo e poi esce per alcune commissioni. Mi immergo nella quotidianità tra compiti da controllare, una poesia da imparare a memoria, i moti del 1830 e la newsletter di un cliente che vuole un copy nuovo, emozionale ma non troppo, commerciale ma non troppo. Un classico, anche troppo.

È sera, sono sotto la doccia quando Paola rientra. Dovevo andare in palestra, ma il freddo mi ha fatto cambiare idea. La sento al piano di sotto che apre la porta. Intanto mi asciugo. Sta parlando al telefono. Dev'essere qualcosa di estremamente esilarante perché ride di gusto, come non fa da tempo. Quando la raggiungo in cucina sobbalza per lo spavento.

«Sei matta ad arrivare giù così? Ma non eri in palestra?»

«Non avevo voglia di sudare e non sono andata. Devo mettermi una campana al collo come un appestato?»

«No, ma mi hai messo paura.»

Sorride distrattamente e se ne va.

Riaccendo il PC dopo cena e trovo un messaggio di Clara su Messenger.

`C. > Sono arrivata. Magari non t'importa, ma ti mando questa foto di un bel trancio di merluzzo. Come sta Windows?`

Le rispondo solo con la stessa faccina. Mi torna in mente la foto che ho visto nel suo profilo, quella coi palloncini, e non riesco a mordermi la lingua.

`A. > Senti, volevo chiederti una cosa, sperando di non essere troppo invadente.`
`C. > Dimmi, anche se di solito queste prefazioni sono l'anticamera della morte...`
`A. > Ieri, sul tuo profilo, ho visto una foto che mi è familiare. Quella con i palloncini colorati. È identica a quella della festa scolastica di Vanessa.`
`C. > Ah, sì. Me l'ha mandata una mia amica. Sa che adoro i palloncini, ma non ho idea di dove sia stata scattata.`

Che bizzarria, penso. Ma io colleziono unicorni kitsch, non sono di sicuro la persona più adatta a giudicare le stramberie altrui. Si apre un *pop-up* di Messenger. È Antonio.

A. > Ma dove sei? Il tuo telefono è spento o non prende. Chiamami!

Mi prende un colpo, appena attenuato dalla veloce considerazione che i bambini sono nella stanza accanto e l'allarme non riguarda loro. Cerco il telefono nella borsa. Scarico. Salgo le scale per arrivare in camera a prendere il caricabatterie, ma non è al suo posto. Inizio a sbraitare per sapere chi lo ha preso e, soprattutto, dov'è. Compare Paola, l'aveva preso lei. Non ho tempo per chiedere spiegazioni e quello che il telefono impiega per rianimarsi e permettermi di contattare Antonio pare eterno. Riesco finalmente a comporre il numero.

«Antonio che succede?»

«Pina sta male.»

Pina. La mia amica Pina. Un maremmano di sette anni. Una cagnolona dagli occhi dolci, le ciglia lunghissime e il pelo morbido. Rimango inebetita a fissare nel vuoto, incapace di muovermi.

«Oddio, ma che dici? Ma come?»

Il cuore salta qualche battito.

«Il veterinario dice che l'hanno avvelenata. Sta morendo!»

«Arrivo.»

Dopo la separazione e il trasferimento nella casa nuova, Pina è andata a vivere con Antonio in campagna, a quaranta minuti da qui. Prendo Paola da parte, le spiego la situazione e salgo in macchina. Accendo il motore e le prime lacrime iniziano a cadere a duemila giri al minuto. Abbiamo preso Pina quando aveva quattro mesi. Era il giorno della mia festa di laurea e avevamo organizzato una festicciola in giardino con i nostri amici. Con Michele piccolino e la nostra casetta diroccata, da un po' sognavamo di avere anche un coinquilino a quattro zampe. Così, cercando tra gli annunci di un quotidiano locale, ero stata attratta da lei. Senza pensarci su, avevamo contattato l'inserzionista ed eravamo partiti, consapevoli che tra andare e tornare avremmo impiegato circa quattro ore. Arrivammo da un pastore in cima a una montagna sull'Appennino pistoiese. Ci aprì la porta una donna dall'aspetto trasandato, attorniata da figli di tutte le età, cani, gatti e galline. Una figura che sembrava uscita da un quadro di pittori macchiaioli. Ci portò a vedere i cuccioli, cinque o sei bestiole denutrite che scodinzolavano festose dietro alla loro mamma. Il nostro occhio cadde su Pina. Era la più piccola, un orecchio semi mozzato e lo sguardo vispo. L'indomani la portammo dal veterinario che ci annunciò, con poca empatia, l'impossibilità di vaccinarla. Era talmente magra e pulciosa che non sapeva se sarebbe sopravvissuta. E invece Pina non solo è sopravvissuta, ma è diventata bella e fiera ed è rimasta sempre con noi seguendoci ovunque; ci ha anche concesso l'onore di farsi assistere durante il suo primo parto. Con il naso incollato alle loro scarpe ha seguito i primi passi incerti di Michele e vigilato su quelli di Vanessa. È un membro della nostra famiglia, non posso credere che stia per morire per mano di un maledetto che l'ha avvelenata.

Al cancello mi viene incontro Antonio. Pina è morta pochi minuti prima che arrivassi. Esplodo in un pianto irrefrenabile. Avrei voluto almeno essere lì per farle le ultime coccole, invece sono arrivata tardi. Penso agli appuntamenti della vita e ho l'impressione di arrivare sempre fuori tempo e fuori sincrono. Antonio ed io cerchiamo di placare le lacrime bevendo una birra. Pina odiava le lacrime, ti leccava le mani finché non smettevi, e ci sembra giusto ricordarla come si deve, rievocando i momenti dolci che ha saputo donarci. Quando la vita inciampa in uno di quei periodi in cui ti succedono disgrazie a raffica, l'unica cosa da fare, alternativa o complementare a un'alimentazione a base di Nutella, è arrendersi. Qualsiasi tentativo di opporsi al fato nefasto è inutile. Nel tragitto di ritorno esplodo nuovamente in un pianto inconsolabile.

Sono in casa e cerco il telefono da un'ora. Ho frugato ovunque, anche nel cesto dei panni sporchi. Passo in cucina e incappo nel cellulare di Paola sul tavolo. Non ha il codice di blocco inserito e lo prendo per chiamarmi. Si apre un messaggio di WhatsApp.

Tesoro, stasera niente partita.
Peccato, ci tenevo a vederti. <3

Lo so che non si sbircia tra le conversazioni altrui, ma questa mi si è aperta sotto gli occhi. Provo a calmarmi, magari sono la solita esagerata, quella che si fa i film dell'orrore sempre e comunque. Però non resisto e leggo tutto. È una certa Marta. Ci sono molti messaggi colmi di tesoro e cuori. Vabbè, non vuol dire niente. "Respira, Arianna". Mi chiedo chi sia e se sia prudente parlarne con Paola. Ultimamente litighiamo su tutto. Forse non è opportuno che la interroghi, anche perché ho violato la sua privacy. Sono seduta dalla parte del torto e non è affatto comoda.

Come ne esco? Sento dei passi, abbandono il cellulare sul tavolo. Non rimane che invocare con gioia l'arrivo di un asteroide, mentre rimastico quello che ho letto nelle sue molteplici interpretazioni. Tutte pessime, ovviamente. Proprio io che sui social ci passo la giornata, sono stata pugnalata da WhatsApp. Non sarà un caso se gli ho sempre preferito Facebook. È lui la mia finestra sul mondo. Mi piace interagire con gli altri attraverso il filtro rassicurante dello schermo, scremare le persone moleste e conoscerne di interessanti. Negli anni mi ha dato la possibilità di intessere amicizie forti e solide che poi si sono concretizzate in incontri reali. Stasera ho bisogno di parlare con qualcuno e raccontare la storia dei messaggi. Per quanto io mi sforzi di non pensarci, mi si materializzano davanti agli occhi e non riesco a concentrarmi su altro. Apro la chat di Clara, ma è offline. Decido di scriverle comunque. Non importa il destinatario quanto liberarmi dalla zavorra che sento sul cuore.

`A. > Ciao Clara, come stai? Spero che la tua giornata sia stata serena. Almeno più della mia. Ho trovato dei messaggi sul cellulare di Paola che mi hanno inquietata. Non so che pensare e mi sento in colpa per aver letto una` corrispondenza privata. Siamo distanti da parecchio tempo, ma l'idea che lei potesse avere qualcun'altra non l'avevo mai contemplata. Sono confusa, impaurita e forse anche un po' delusa. Scusami se scrivo a te, ma le amiche storiche sarebbero prodighe di facili quanto inutili consigli e io invece ho solo voglia di sfogarmi.

Il puntino verde della chat di Clara si illumina subito dopo.

C. > Ciao Ari. Anche la mia è stata una giornata pessima e stavo per scriverti.
A. > Mi dispiace molto. Che ti è successo?
C. > Non saprei da dove iniziare, non è chiaro nemmeno a me. E dato il tuo messaggio non me la sento di ammorbarti...
A. > Non posso essere più appesantita di così. Se ti va di confidarti, ti ascolto.
C. > Allora... vediamo. Hai presente la foto di cui abbiamo parlato ieri, quella dei palloncini?

A. > Sì...

C. > Eh. Ti ho mentito. In realtà è una foto che riguarda Federica, una bambina che a questo punto credo frequenti la stessa scuola di tua figlia.

A. > Sì, conosco Federica. È di un anno più piccola di Vanessa. Scusa, ma come la conosci?

C. > Ecco... Federica è la figlia della mia compagna...

A. > Cinzia?!

C. > Sì.

A. > Ah. Non sapevo che stesse con una donna. A dire il vero pensavo fosse etero.

C. > Beh, tu non dovresti stupirti...

A. > Hai ragione, ma di lei non l'avrei mai detto. Vedi che anch'io sono vittima degli stereotipi? A mia discolpa, però - ci ho parlato poche volte - posso dire che l'unica volta che le ho sentito fare un accenno alla sua vita sentimentale, ha detto che stava con una persona e ho pensato a un uomo. Che sciocca a non aver realizzato l'ovvio. Definire il partner in modo generico è il metodo classico usato da chi teme di dichiararsi.

C. > Già. Usa una presunta riservatezza come alibi. Lei sostiene che dichiararsi significhi ostentare. Per me significa essere se stessi e vivere la propria vita con onestà e correttezza.

A. > Mi spiace. Immagino debba essere pesante stare con qualcuno che non è dichiarato. Parlo per esperienza.

C. > Sì, è pesante. Il mio orientamento non è un segreto. Non è che io vada in giro a presentarmi come Clara La Lesbica, eh, però non ho problemi a dire che ho una compagna quando mi rivolgono domande a proposito della mia vita sentimentale.

A. > Capisco. Immagino che Federica non sappia niente, sbaglio?

C. > No, non sbagli affatto. Io posso andare a casa di Cinzia solo quando Federica va dal padre e nelle rare volte in cui mi è stato permesso di vederla. Cinzia mi tratta come una cara amica. Nemmeno i suoi genitori sanno niente, la verità la conoscono solo

le sue amiche più strette. Non ce la faccio più. È tutto un tira e molla. Mi lascia, poi mi cerca e io ci ricasco. Ma non è la vita che voglio. È stato faticoso uscire allo scoperto e adesso non ho nessuna intenzione di vivere una relazione nascosta.
A. > Non dirlo a me. Io ho spostato mari e monti, spaccato la famiglia e guadagnato l'odio imperituro della madre di Antonio pur di non essere costretta a mentire. Lo capisco benissimo. Magari, però, ha solo bisogno di tempo...
C. > Tempo?! Sì, lo pensavo anche io. È tanto che aspetto e ieri mi ha confermato che non sente la necessità di uscire allo scoperto. Ti ricordi l'altro giorno che ero in lavanderia? Ero a lavare le mie cose perché mi ha sbattuto fuori casa all'improvviso ed ero tornata apposta da Copenhagen solo per passare qualche ora con lei. E sai il motivo? Arrivava sua madre e lei non ci ha pensato due volte a mandarmi via. A quasi quarant'anni non ho più

voglia di accettare certi compromessi. Sono due giorni che non la sento, non risponde da nessuna parte. Questa cosa mi manda fuori di testa... Scusami, non volevo vomitarti addosso le mie beghe sentimentali.

A. > Vomita pure. Ho due figli, ormai il vomito è un amico.

C. > Ah, ah, grazie! No, dai. Basta così. Ho esagerato. Torniamo a te. Hai parlato con Paola?

A. > No, non ancora. Non riusciamo molto a capirci. Ho paura che se la affrontassi direttamente si sentirebbe aggredita e mi vergogno per aver letto i suoi messaggi. Alla fine sono io in torto...

C. > Beh, ma scusa, perché allora le hai preso il telefono?

A. > L'ho preso per telefonarmi perché non trovavo il mio. Volevo farlo squillare e si è aperta la notifica.

C. > Ah, beh, questo ti scagiona, dai.

A. > Sì, ma quei messaggi magari non sono così tragici. Io stessa mando cuori e sdolcinatezze alle mie amiche.

A leggere le cose senza contesto, uno magari si fa i film...
C. > Appunto, l'unica che può chiarirti le idee è Paola, no?
A. > Sì, immagino di sì. Beh, magari domani. Adesso è tardi e ho bisogno di dormire.
C. > Sì, anche io. Grazie per la chiacchierata.
A. > A te, buonanotte.
C. > Notte.

In camera trovo Paola ancora sveglia, ha il telefono in mano e sta scrivendo. Non resisto, devo sapere.

«A chi scrivi?»

«Mah, niente di che, sul gruppo della pallavolo...»

«Scrivi a Marta?»

Paola mi fissa con gli occhi sbarrati.

«Scusa, tu che ne sai chi è Marta? Mi hai preso il telefono?»

«Sì, l'avevo preso per chiamarmi. Avevo perso il mio e volevo farlo suonare, ma si è aperto il messaggio e ho letto.»

«Beh, così impari a curiosare. È una mia amica, ha una figlia in squadra con Vanessa e mi sta molto simpatica. Ho commesso un delitto?»

«Certo che no. Solo non me ne hai mai parlato...»

«E quando avrei dovuto? Sei sempre chiusa nel tuo studio, a mala pena ascolti i tuoi figli.»

«Sei ingiusta. E non è facendo leva sui miei sensi di colpa materni che mi tranquillizzi.»

«Ok, ok. Stai calma ora e dormi. Ti stai facendo un film.»

Inizio a pensare alla possibilità di scrivere sceneggiature horror ispirate alla mia vita, altro che Tim Burton. Conosco Paola e so che non proseguirà oltre la conversazione. Ha già posato il telefono sul comodino e spento la luce. Non prendo sonno, mi giro e rigiro da ogni lato. Sembra di essere sdraiata sui vetri. Vorrei piangere, urlare e spaccare tutto, ma nella stanza accanto ci sono le Vanessa che dormono. E le mamme non piangono e non urlano, o almeno così narra la leggenda.

3.
Sogni origami

Mancano pochi giorni a Natale. Amo l'aria fredda e pungente che mi costringe a sfoderare il mio repertorio di guanti, sciarpe e cappelli buffi. Adoro le luci e il clima di festa. Lo spirito del Natale è dentro di me. E si ubriaca. Dicembre è anche il mese del mio compleanno e adoro festeggiarlo. Mi piace che ci sia un giorno deputato alla mia festa. Un giorno speciale tutto per me. Fa parte del mio lato egocentrico e dell'essere rimasta la bambina che aspetta di vedere chi se ne ricorderà. Anche mia madre ama il Natale, ma a modo suo. Del resto ama tutto a modo suo.

Per lei la gioia di trascorrere una giornata in famiglia è tutt'uno con l'ansia da prestazione per il menù e la sua realizzazione.

Quest'anno è ancora più su di giri perché ha invitato anche Antonio, Paola e persino il padre di Vanessa che vive a Roma.

«Il Natale è la festa dei bambini e dobbiamo essere tolleranti» ha sentenziato senza possibilità di replica. A differenza degli anni passati, sono indietro coi regali. Non sono concentrata e la consueta pianificazione che inizia a settembre è stata procrastinata fino ad oggi. Il panico da acquisto forzato degli ultimi giorni mi angoscia, odio i doni il cui unico obiettivo è fare numero e presenza. Preferisco organizzarmi per tempo, scegliere con cura, innamorarmi di un oggetto in vetrina e visualizzare il viso del destinatario perfetto. Invece stavolta andrà così: chiamerò mia sorella, delegherò a lei l'onere degli acquisti e contribuirò solo economicamente. Mi manderà a quel paese, ma l'alternativa è comprare a tutti un biglietto della lotteria, con la certezza che l'unica estrazione sarà quella del mio cadavere da una buca scavata in giardino dalla mia famiglia.

Ogni volta che vedo Paola armeggiare con il telefono ho un colpo al cuore. Non sono pronta per un nuovo abbandono. Non mi voglio figurare l'idea di un dopo. Da lei nessuna parola. Da me neppure. Il silenzio sta diventando il terzo incomodo da troppo tempo. Di Clara non ho più notizie da diversi giorni. A volte la vedo online, ma non mi scrive.

Mentre sparecchio la tavola, arriva una e-mail dall'agenzia con cui collaboro che mi annuncia che non ci sono buone notizie e hanno urgente bisogno di parlarmi. La gioia del lavoro da *freelance* la percepisci tangibile in giornate come queste. Fissiamo una call su Skype il pomeriggio stesso. La comunicazione è breve e nemmeno mi sorprende: l'agenzia ha perso dei clienti, il che si traduce in mancanza di lavoro per me. Si dicono dispiaciuti. Io guardo le lucine dell'albero e intono un silenzioso Jingle Bell in un patetico tentativo di auto consolazione. Sto per chiudere il PC per andare a farmi un caffè, ma si apre la chat di Clara su Messenger.

```
C. > Hey!
A. > Jude...
C. > Don't make it bad...
A. > Take a sad song and make it better...
C. > Ah ah! Scemona!
A. > Hai cominciato tu!
C. > E tu mi segui a ruota! Stai meglio?
```

A. > Una chiavica, grazie. Ho appena perso il lavoro. Tu?
C. > Cinzia mi ha lasciato tre giorni fa.
A. > Ottimo.
C. > Perfetto.
A. > Non so che dirti, forse dovrei dispiacermi, ma non sembravi felice in quella relazione. Scusami, sicuramente è solo un giudizio superficiale e in questo momento sono troppo nichilista per esprimere cordoglio in maniera empatica.
C. > Se c'è un modo di farmi ridere, tu lo trovi.
A. > Dici? Poverina, che vita triste devi avere!
C. > Ah ah ah! Vedi che sei buffa?
A. > E io che credevo di essere affascinante!
C. > Lo sei!

Per fortuna sono dietro allo schermo e non vede che le mie orecchie sono diventate fucsia, come sempre accade quando ricevo un complimento. Sono imbarazzata.

A. > Posso chiederti perché vi siete lasciate?

C. > Come puoi immaginare è una storia lunga. Cerco di abbreviarla come riesco, in parte te l'ho accennata. Cinzia era sposata con l'uomo con cui ha avuto la bambina. Poi si è resa conto di provare attrazione per le donne, ma si rifiuta di dirlo a chicchessia. Sono invisibile. Feste divise, cene di lavoro da sola. Come si fa a vivere essendo trasparenti?! Come si fa a fingere in pubblico? A non guardare con amore la donna che ami? A prenderle la mano al ristorante o mentre passeggi per strada? Ho lottato con la mia famiglia per farmi accettare, lotto sul lavoro, non posso più permettere a nessuno di calpestare la mia dignità di essere umano. Dopo quei due giorni in cui era sparita, è comparsa per dirmi che mi lasciava. Non ho altro da aggiungere, vostro Onore.

A. > E come ti senti?

C. > Vuoi saperlo? Mi sento sollevata. A volte mi assale la nostalgia,

ma passa subito. Era troppo tempo che vivevo al ribasso. E tu? Paola ti ha più detto niente?
A. > Sempre più fredda e distante. Solo lei, la figlia, i loro impegni, la casa, l'orto. Io sono in più. Quel più che stroppia. Mi preparo, passo la Vigilia dai miei, tu che farai?
C. > Torno dai miei anche io. Allora Buon Natale <3
A. > Anche a te <3

Questo è il secondo Natale che festeggio con Paola, ma il primo che prevede la presenza di tutta la mia famiglia d'origine e di quella allargata, compresa la ex badante ucraina di mia nonna che, anche dopo la sua morte, è rimasta iscritta nel registro degli invitati. Sono all'apice del nervosismo. Vorrei essere in una baita sperduta sulla neve in compagnia del silenzio e non vedere e sentire nessuno fin dopo le Feste. Lo spirito del Natale è evaporato come un vino abbandonato nel decanter da troppo tempo; ad annusarlo bene sa di aceto. Paola è intrattabile e inavvicinabile, barricata dietro un muro di parole non dette. Ci prepariamo di mala voglia, cercando il più possibile di non trasmettere vibrazioni negative ai bambini. Ma è inutile. I bambini ti stanano subito e dissimulare serve solo a schiacciarli sotto pacchi di paranoie.

«Mamma, sei nervosa perché non sai se Babbo Natale ti porterà quello che desideri?»

Chiede Vanessa mentre mi guarda con i suoi occhioni azzurri.

«Non lo so. Forse ho paura di ricevere proprio quello che desidero.»

«E non è una bella cosa questa?»

«Spesso sì. Per i grandi, però, non sempre.»

«Voi adulti siete strani. Io spero che mi porti la bambola di Frozen.»

Ci pensa un attimo, mi guarda e aggiunge:

«Tu, mamma, cosa vorresti?»

«Essere felice.»

«Ma la felicità non la porta Babbo Natale!»

«E chi la porta?»

«Nessuno. Quella vive nel cuore» dice toccandosi il petto con la punta del dito.

Incasso la lezione di saggezza, quella che solo i piccoli e i matti possiedono, e ricambio con un abbraccio che si trasforma in una guerra di solletico. Vanessa mi interrompe: non vuole sgualcirsi il vestito nuovo che le ha regalato la nonna. È molto attenta ai dettagli, lei. Mica come me, che non mi accorgerei di un corvo impigliato tra i capelli. Nel tragitto per arrivare a casa dei miei genitori ci fermiamo a prendere l'ex marito di Paola. Alloggia in una pensione. Ci aspetta in strada; in vistoso imbarazzo tiene tra le braccia una pila immensa di pacchetti colorati con stampato in viso un'espressione incerta, a metà tra l'impavido e il rassegnato. Lo carichiamo in macchina e ci avviamo. Nel vialetto d'ingresso vedo l'auto di Antonio. Mi si allarga il cuore come se mi trovassi tra le fila dei nemici e avessi bisogno di un contatto familiare.

Il Natale nella mia famiglia sa di fritto. Tutto ribolle nell'olio, dall'antipasto al contorno passando dall'umore, creando un misto di esaltazione e isterismo impossibile da descrivere. La preparazione del menù inizia almeno un mese prima, sebbene sia lo stesso da che ho memoria. Viene stilato con meticolosità su due o tre post-it che poi vengono persi regolarmente, con il risultato di provocare un giro di telefonate convulse tra i partecipanti che non ricordano più cosa preparare, portare, comprare, pensare. Come previsto, l'aria è satura di odori di cucina, ma anche delle risate di mio nipote che corre tra le mie braccia eccitato dall'imminente arrivo di Babbo Natale. Aspettiamo un amico di mio fratello, attore di teatro, che si presta a indossare l'abito rosso e la barba bianca per fare una sorpresa ai bambini. Arriva, e mentre gli stringiamo una mano, con l'altra gli porgiamo un bicchiere di vino. Per me è un eroe. Io non lo farei neppure per una fornitura annuale di Chianti Santa Cristina. Babbo Natale, con lentezza e meticolosità, estrae ogni pacchetto dal sacco di iuta e lo consegna al legittimo proprietario. I bambini sono contenti. Io meno, perché ormai so già cosa mi aspetta. Per paura di non indovinare i miei gusti, tutti si sentono in dovere di spifferare il contenuto del regalo già diverso tempo prima, in cerca di approvazione. Nella confusione del momento, Paola si avvicina e mi porge una busta. Avevamo promesso che non ci saremmo regalate niente e rimango piacevolmente sorpresa. All'interno una cartolina di auguri e due biglietti per il concerto dei Subsonica. Non me l'aspettavo. Mi abbraccia e la tensione degli ultimi mesi viene spazzata via dal calore del contatto.

La cena scorre di portata in portata. Gli ex-mariti hanno sopportato bene il cenone e l'ospitalità chioccia di mia madre è stata un ottimo collante. Siamo persino riusciti a buttare sul ridere la tragedia del coniglio privo di sale che stava per causarle un attacco epilettico. Il Coniglio Insipido è una brutta favola con un finale tragico che abbiamo preferito non inscenare. Arriva anche il momento che odio di più al mondo: la tombola. La monotonia dell'elenco dei numeri estratti mi uccide già dopo cinque minuti e la misera somma in palio non funziona come incentivo. Alla terzina barcollo, alla cinquina mi ciondola la testa, prima della tombola ho già rovesciato tutti i ceci sul tavolo perché ci ho strusciato il braccio mentre cercavo di versarmi il bicchiere numero ventitré della serata. Ma cerco di resistere, in tasca ho due biglietti per il concerto dei Subsonica e una promessa di felicità. Stavolta riesco persino a sembrare divertita all'abusata battuta sul numero settantasette - le gambe delle donne. Che poi, mi sono sempre chiesta, che gambe può aver guardato chi l'ha inventata? Forse anche lui era al bicchiere numero ventitré della notte di Natale e vedeva la realtà filtrata attraverso la lente dell'astigmatismo alcolico? La serata finisce, i bambini iniziano a lagnarsi e trascinano per casa i giocattoli nuovi, barcollando dai divani alle sedie.

In macchina le bambine cedono al sonno, Michele guarda fuori dal finestrino con sguardo inebetito, Paola è concentrata sulla guida, ma ogni tanto si volta verso di me e sorride. Prendo il telefono e scorro pigramente Facebook e rispondo a qualche augurio, compreso quello di Clara. Ripenso alla busta con i biglietti e il mio cuore canticchia “Discoteca Labirinto”, mentre gli alberi si rincorrono nel buio della notte prendendo a pedate i lugubri pensieri di morte e disperazione per quello che credevo fosse l’imminente fine della storia con Paola.

Le storie d’amore sono come gli elastici. Quelli grandi, verdi o gialli, di gomma puzzolente, usati negli uffici. Da piccola ci giocavo molto. Sgattaiolavo di nascosto nello studio di mio padre, aprivo i cassetti della scrivania di metallo anni settanta con le zampe che cigolavano anche quando non venivano sfiorate. Frugavo spesso tra la cancelleria: gomme, evidenziatori, blocchi per scrivere, matite, penne. Ne provavo il tratto, disegnavo, elaboravo ghirigori fantasiosi. Scrivevo, abbreviavo, anagrammavo il mio nome in mille modi. Poi rimettevo tutto a posto per non farmi scoprire. Con gli elastici ho sempre fatto danni: uno è scappato dalle dita colpendomi un occhio mentre cercavo di creare un laccio emostatico, un’altra volta ho fatto cadere un portafoto e una terza ho rotto una lampadina. L’epilogo più classico era quando, a forza di tirare e tirare, l’elastico si rompeva di colpo e rimaneva in mano il doppio filino ormai inutilizzabile. A volte penso che nelle relazioni le persone non siano legate da una corda, bensì da un elastico. Ci si allontana, ci si avvicina per un numero finito di volte, con il filo che si tende e si ritira, ma a un certo punto bisogna fermarsi, trovare un centro, un equilibrio, altrimenti si rischia la rottura. Più l'elastico è logoro e vecchio, meno fa male. Lo strappo è meno intenso, meno brutale. Se invece, ancora turgido e vitale, si spezza tra le dita per aver tirato una volta di troppo, allora ti fai male davvero. Non voglio fratture, voglio Paola. So che ce la faremo insieme anche stavolta. Non so se è l'abuso di carboidrati natalizi, ma per la prima volta dopo mesi facciamo l'amore. E l'elastico rimane a riposare, al buio, sul comodino.

Decido di sfruttare il momento propizio e l'indomani propongo a Paola una breve fuga romantica, solo io e lei come non facciamo da mesi. I miei figli sono da Antonio e la sua trascorrerà il resto delle vacanze natalizie dal padre. Paola accetta serena, ma senza troppo entusiasmo. Scelgo come destinazione un agriturismo nella bassa Toscana, un podere immerso nel verde della campagna senese. Preparo una valigia molto snella: un cambio di abiti e un po' di biancheria. Mi sarebbe piaciuto infilare qualche capo un po' studiato, ma il cassetto è straripante di mutande monocromatiche un po' usurate che non susciterebbero appetiti sopiti nemmeno a un eremita. C'è decisamente bisogno di fare un *upgrade* al guardaroba e al look. L'idea di passare al biondo, abbandonando il mio storico rosso, mi stuzzica sempre di più. Ho voglia di novità e di rinfrescare la mia immagine. Forse chiamerò la parrucchiera per un cambio di colore. Sono pronta a lasciare l'henné per il biondo miele che ho sempre sognato.

Arriviamo all'agriturismo appena dopo pranzo, l'atmosfera è magica, l'aria frizzante e il cielo nitido come nelle riviste dei viaggi: già pregusto una due giorni di coccole, relax e seduzione in intimo deprecabile. I castelli in aria hanno vita breve, giusto il tempo di avvicinarci al banco della reception, che già si avvertono i primi scricchiolii, funesto presagio di sgretolamento imminente.

«Buonasera, abbiamo prenotato una camera per due notti.»

«Nome?»

«Ragonesi.»

«Ah, sì. Perfetto e ben arrivate, il viaggio è andato bene? Vi accompagno nella vostra stanza» prosegue senza nemmeno lasciarci il tempo di rispondere. Quando la porta si apre troviamo ad attenderci una bella camera, spaziosa con vista sul prato. Con due letti singoli.

«Eh, no, mi scusi: nella prenotazione avevo chiesto una matrimoniale...»

La signora ci guarda interrogativa e farfuglia.
«Ah, sì, scusi. E che ho pensato che... quando vi ho viste... non importa... allora vi do la matrimoniale...»
«Grazie.»

Saliamo un altro piano ed entriamo nella nuova camera. È meno grande dell'altra e anche la visuale è mediocre. Paola sbuffa e guarda in silenzio fuori dalla finestra che affaccia su un cortile interno. Cerco di smorzare il disagio proponendo una passeggiata nel borgo vicino all'agriturismo. Cerco di imbastire una conversazione, ma finiamo a parlare del padre di sua figlia e della sua genitorialità, a dir poco problematica. Come se non fosse sufficiente ad uccidere Eros, Pathos e un paio di fatine, prende spesso il telefono in mano. Si lamenta perché la connessione dati fa schifo e ha paura di non ricevere i messaggi di Vanessa. Quando cerco di tranquillizzarla dicendole che il mio, invece, ha un segnale forte e stabile, non pare acquietarsi. Mi tornano in mente i messaggi che ho letto, i cuori e le smancerie con Marta. Cerco di rigettare il pensiero e mi ripropongo di riempire la pancia di cibo, invece che di ansia. Consultiamo qualche recensione online alla ricerca della trattoria migliore e ci mettiamo a tavola. Forse incappiamo in una serata no della cucina, ma la nostra fiorentina assomiglia a uno scarpone sopravvissuto alla campagna di Russia, il Chianti sa di tappo e il ragù di cinghiale assomiglia a quello del *discount*. Deluse, torniamo nella cameretta triste e ci mettiamo a letto. Mi viene da piangere.

Il giorno seguente una pioggia battente lava via anche le mie ultime illusioni di trascorrere qualche giorno in serenità. Antonio telefona e comunica che Vanessa ha la febbre molto alta. Vacanza finita. Rientriamo a casa in uno stato di tristezza tale che il mio cervello intona il Requiem di Mozart.

Nei giorni successivi al rientro, Paola è di nuovo una maschera impenetrabile e mantiene le distanze. L'elastico che era rimasto sul comodino dalla sera di Natale è di nuovo in tensione. Mentre la guardo transitare per lo studio senza nemmeno alzare gli occhi verso di me, mi torna alla mente il ricordo della mia professoressa di matematica del liceo. A matematica sono sempre stata una sòla. Più per rappresaglia che per inettitudine, a dire il vero. Avevo scelto il liceo scientifico e al primo compito trovai un bel tre rosso vermiglio accanto al mio nome. Rimasi così amareggiata che non ho mai più aperto il libro. Ancora me ne pento, ma all'epoca vantare nove a latino e tre in matematica sembrava più un atto di orgogliosa ribellione che una perdita. Prima delle verifiche venivo assalita dal panico e chiamavo il migliore amico di colui che all'epoca era il mio fidanzatino, più grande di me di cinque anni, quanto meno per mettere a tacere i sensi di colpa. Il povero malcapitato studiava con profitto Ingegneria a Pisa e accettava con compassione di aiutarmi nel vano tentativo di recuperare in un giorno un paio di mesi di nullafacenza. Credo di averlo fatto disperare a tal punto che, mentre tentava di prepararmi per l'esame di maturità, mi fece giurare che mai e poi mai avrei scelto una facoltà scientifica. Mi pare fossi in terza o quarta liceo, era quasi estate, e la scuola stava per finire. La professoressa ci consegnò l'ultimo compito e accanto al mio nome trovai un sei meno meno meno; forse i meno erano anche di più, ma il cervello si concentrò sul sei. Ero talmente entusiasta che per poco non mi misi a piangere dalla commozione. La professoressa se ne accorse e ad alta voce commentò: «Ragonesi, trattieni le lacrime. Una rondine non fa primavera.» Il Natale con Paola è stato la mia rondine. E non portava la primavera, annunciava la catastrofe.

Il castello crolla con un boato che avverto solo io: questa situazione deve risolversi. Mi sento fuori posto nella vita di Paola che scava fossati sempre più profondi tra noi. Non voglio più sentirmi inadeguata, guardata con freddezza e trattata da estranea. Se non può essere primavera, che arrivi l'inverno a spazzare via le macerie delle speranze inutili. Aspetto il dopo cena per iniziare la discussione, mentre lei è intenta a fissare le fiamme del camino.

«Paola, devo parlarti.»

«Dimmi.»

Dal tono stanco con cui risponde credo di intuire che immagini cosa sto per comunicarle.

«Voglio sapere se mi ami e se vuoi stare con me. E stasera esigo una risposta definitiva. È quasi un anno che rispondi di non sapere cosa vuoi, ripetendo che le cose sono cambiate e la convivenza non è come la immaginavi.»

Segue un silenzio talmente lungo che mi sento soffocare nell'angoscia. Immagino i titoli sul giornale di domani "Giovane donna muore di ansia sul divano. Un'altra vittima del lesbo-dramma".

«Non lo so, davvero. Sono confusa e non so rispondere.»

Mi sale il sangue al cervello. Alzo la voce, fregandomene dei bambini che dormono al piano di sopra.

«Paola, cazzo! Non posso più andare avanti in questo limbo. Non ce la faccio più. Se dopo un anno ancora non lo sai, se i miei tentativi di parlare, capire, trovare soluzioni non sono serviti a nulla, allora basta. Lasciamoci.»

Paola non reagisce. Tace. Fissa il camino per un tempo che tende all'infinito. Mi zittisco nella speranza che dica qualcosa, che ci salvi nell'ultimo metro che precede il baratro. Invece non succede niente. Come al solito sono di nuovo io a riprendere la parola.

«Non hai niente da dire?!»

Ancora silenzio. E poi.

«Sono preoccupata per Vanessa...»

In pochi momenti ho desiderato di sprofondare in una voragine come in questo istante. Sono sconvolta. Come può, anche di fronte alla fine dichiarata della nostra storia, pensare sempre e solo a sua figlia? Verso un bicchiere di whisky che mi stende la coscienza vigile. Afferro il pigiama, il cuscino e vado a dormire nella camera degli ospiti: da adesso diventerà la mia stanza. Dormo poco e male, mi giro, faccio incubi, piango, mi riaddormento e mi sveglio con il cuscino inzuppato di lacrime. Inizia ad albeggiare. Sono distrutta, ma determinata. Non voglio rimanere in questa casa, devo impiegare le mie energie per andarmene. Ho fatto l'ospite sgradito fin troppo a lungo.

La rabbia e la frustrazione corrodono, perdo l'appetito, l'ironia e comunico ai bambini che Paola ed io ci siamo lasciate. Stranamente nessuno di loro ha reazioni scomposte. Bene, serviva un po' di maturità in questa casa. Peccato che si manifesti solamente negli abitanti minorenni. Faccio colazione da sola, Paola è già uscita. Accendo il PC. Passo non so quanto tempo a scorrere Facebook, incapace di concentrarmi; il cervello continua a proiettarmi la moviola della sera precedente, dei mesi passati, dei segnali che non ho colto o che non ho voluto decifrare. Penso anche a quella Marta dei messaggi, ma sarebbe troppo facile addossare a un'altra persona la responsabilità di ciò che è accaduto. Se lei fosse l'amante, sarebbe l'effetto e non la causa della nostra crisi. Mia nonna ha sempre sostenuto con un certo orgoglio "Chi mangia bene nel su' piatto, ' un ha bisogno d' andà a mangià in quello dell' altri". Quindi che si fottano lei, Marta e tutti i filistei. Il mio mondo è imploso. Tutto ciò che avevo è finito. Da oggi sono single, senza casa e con un lavoro precario. Inizio a pensare anche al lato pratico di questa situazione e pare talmente terrificante che mi manca l'aria; ho bisogno di uscire in giardino a fumare. Devo parlarne con qualcuno, ma con chi? Con mia madre nemmeno a pensarci. Il suo primo commento sarà che non sono capace di far durare una relazione.

Che poi, tecnicamente, l'ho lasciata io, no? Che

stronza, si è pure fatta lasciare. Così io sarò sempre la cattiva e lei la povera vittima. Ma sì. Chissenefrega. Mi ripeto che devo trovare la calma, che è necessario, adesso, riflettere e cercare soluzioni per uscire da questo disastro con il minor numero di perdite possibili. Scrivo a Clara, del resto è un legame debole quanto basta a rovesciarle addosso quello che mi passa per la testa senza quelle omissioni o quegli imbarazzi che invece avrei con persone più vicine. Per fortuna è online.

A. > Ciao Clara, ti disturbo?

C. > Ciao Ari! No, sto lavorando e sono un po' presa, ma dimmi tutto.

A. > Poco da dire: io e Paola ci siamo lasciate. Cioè io ho lasciato lei, ma in realtà è lei che si è fatta lasciare...

C. > Aspetta, aspetta. Respira. Senti, ti posso telefonare? Mi sembri troppo sotto shock...

A. > Ok.

C. > Ok, allora avrei bisogno del tuo numero :) - Giusto, te lo mando.

Il telefono squilla e la sua voce è il primo contatto

uditivo della giornata. Sembra una carezza. Provo a raccontarle gli ultimi eventi, ma poi mi perdo nei flashback e scoppio a singhiozzare. Lei prova a tranquillizzarmi, ma solo dopo diversi minuti ci riesce. Le spiego anche dei problemi pratici: vivo con i miei figli in casa di Paola - anche se l'abbiamo scelta insieme, l'ha acquistata lei e dovrò trovare una nuova sistemazione a breve - e ho un lavoro precario, per cui nessuno mi concederà un affitto. Ricomincio a piangere a dirotto. Mi sento come un condannato a morte senza via di fuga. La ringrazio, mi scuso e chiudiamo la telefonata; lei deve scappare ad un meeting. I giorni seguenti sono mostruosi. Ho la sensazione di muovermi al rallentatore, piango spesso e chiedo ad Antonio di trasferirsi con i bambini nella nostra vecchia casa, sebbene non sia affatto confortevole: ci sono solo stanze matrimoniali, nessun giocattolo, neppure divano e televisione. In vista della mia convivenza con Paola, Antonio aveva traslocato in provincia di Massa Carrara e avevamo quindi deciso di farla diventare un Bed&Breakfast. Tutto era stato trasformato per accogliere turisti. Per Michele e Vanessa sarà straniante tornare lì, ma non ho scelta. Verso in uno stato pietoso e non voglio che i bambini mi vedano in queste condizioni. Una sera, dopo cena, ricevo un messaggio da Clara.

C. > Ciao Ari, perdonami, ti prego.
A. > Per cosa?
C. > Per essere scomparsa nel momento del bisogno!
A. > Tranquilla, ho pianto e fatto poco altro.
C. > Scusami, sai. Cinzia è tornata. Di nuovo. Quando io non la cerco, lei torna alla carica. Sono quattro anni che mi tiene con l'elastico.

Penso alla mia teoria dell'elastico e mi spunta un sorriso mentre penso "Come fidanzata evidentemente sono una chiavica, ma come sociologa spacco"

A. > E che è successo?
C. > Stavolta sono stata forte e le ho detto che non saremmo tornate insieme. E un po' anche grazie a te!
A. > A me?!
C. > Sì, pensavo alla tua storia, al tuo coraggio, al tuo metterci la faccia, alla situazione pesante che stai attraversando e ho capito che anche io dovevo osare e cercare il mio meglio. E il mio meglio non può più

coincidere con il negare me stessa.

A. > Lo capisco perfettamente, sai. Ognuno ha i suoi tempi, per il coming out e l'accettazione, ed è giusto rispettarli, ma imprigionare un'altra persona e ricattarla con lo spauracchio dell'abbandono no, non si fa.

C. > Comunque non volevo parlarti di me, volevo principalmente scusarmi, chiederti se volevi raccontarmi di te e poi anche dirti una cosa.

A. > Grazie :) Cosa vuoi che ti racconti?

C. > Non voglio essere invadente (prima o poi dovevo vendicarmi, per quando tu lo hai scritto a me), però volevo chiederti cosa è successo tra te e Paola. Sembravate una coppia perfetta ed affiatata, almeno su Facebook.

A. > Lo credevo anche io, sai? Poi invece ho messo insieme i pezzi del puzzle a posteriori, a storia conclusa, mentre cercavo delle risposte. Mi sono resa conto che Paola è una persona anaffettiva e che soprattutto, per lei, non sono stata il grande amore,

come voleva farmi credere, ma solo una pedina, un gancio: un mezzo, insomma.
C. > Che vuoi dire? Va bene essere incazzati, è normale, ma magari stai esagerando, non credi? Ora vedi solo schifo.
A. > Potrebbe anche darsi, ma lascia che ti racconti com'è andata davvero, perché non è che sui social uno riversa la verità nuda, ma solo ciò che vuole mostrare. Faccio veloce - che voi manager fighe siete sempre stra-impegnate! :-P

Accendo una sigaretta, fisso le nostre parole sullo schermo e poi inizio a scrivere forsennatamente una lunga e dettagliata spiegazione.

A. > Allora, io e Paola ci conosciamo e ci prendiamo subito una mega cotta, tipo che lei mi scrive "ti amo" dopo tre giorni dal primo bacio. Partiamo in velocità, buttandoci a capofitto in questa relazione. I bambini si conoscono ed essere entrambe madri sembra una miracolosa coincidenza. Chi può capire una madre meglio di una madre?

Ogni fine settimana ci vediamo, sale lei a Lucca o scendo io a Roma, con bambini e senza bambini. Fin dal principio mi aveva raccontato che cullava l'idea di trasferirsi in una piccola cittadina del Centro Nord, perchè Roma l'aveva stancata e perchè sognava una vita più a portata di essere umano e meno stressante, soprattutto per sua figlia Vanessa. Poi ho rimosso l'informazione, quando due mesi dopo mi ha comunicato che voleva trascorrere il resto della vita con me e comprare una casa a Lucca per abitare tutti insieme. Non ho collegato le due cose. Ho davvero creduto che il movente fosse l'amore. Nel periodo precedente il trasferimento ci godevamo i fine settimana, lei era affettuosa e piena di attenzioni nei miei riguardi. Poi, subito dopo il trasferimento, mi sono trovata accanto una persona completamente diversa. In casa voleva fare a modo suo. Se la contraddicevo, s'infuriava. Siamo riuscite persino a litigare sulla disposizione dei quadri. E così con i bambini, sempre rigida, raramente un sorriso, una battuta. Sembrava di essere in collegio. Venivo sgridata se lasciavo la polvere del caffè sul lavandino. No, dico... Parliamone! Ovvio che quando convivi ti adatti all'altra, stabilisci dei compromessi, ma mica la sgridi come una bambina di cinque anni! Cazzo! La situazione è peggiorata e a niente sono serviti i miei tentativi di parlarle, di chiederle come potevamo venirci incontro. Più provavo a capire, più lei si chiudeva. Nell'ultimo anno abbiamo fatto l'amore tre volte, forse. Ed è quasi un anno che dice di non sapere più se mi ama e vuole stare con me. Voleva un gancio per trasferirsi. E voleva una famiglia per sua figlia. Devo arrendermi al fatto che i miei figli ed io siamo stati un tramite. Si è pure fatta lasciare e sai cosa mi ha detto? Che era dispiaciuta per Vanessa, perché avrebbe dovuto affrontare un altro cambiamento. Neppure una parola di rammarico per la nostra storia finita o di preoccupazione per me e per i miei figli.

Tiro una boccata di fumo dalla sigaretta e rimetto le dita sulla tastiera.

A. > Ora non so cosa accadrà. A breve sarò in mezzo a una strada. Ha anche precisato che non mi farebbe neppure da garante per un affitto. Ti rendi conto? Ah, però si è offerta di aiutarmi col trasloco... Pensi ancora che io sia dura e rabbiosa?
C. > Capisco il tuo dolore, lo sento. Non credo che lei lo faccia con cattiveria, però... No? Voglio dire, sarebbe da sadici...
A. > Non credo che sia consapevole, né cattiva, ma solo poco sensibile e affettivamente immatura, ma sai che c'è? Non sono il suo psicologo! Ho cercato di comprenderla. Lei no. Ho cercato di risolvere. Lei no. Le ho chiesto di farci aiutare, magari da un terapeuta di coppia. Lei ha risposto di no. A questo punto, voglio solo uscire da questo incubo.
C. > Va bene. Adesso calmati. Ti ho cercata anche per dirti una cosa, ricordi?

A. > Sì, scusa. Scrivi, intanto cerco un fazzoletto e un caffè di conforto.
C. > Ok, caffeinomane che non sei altro. Ti volevo dire che una mia amica che lavora in un'agenzia di Milano e fa il tuo lavoro è incinta.
A. > Eccomi, col caffè. Bene! Felice per la tua amica!
C. > No, cazzona :P Dicevo che è incinta e andrà in maternità e mi ha chiesto se conosco qualcuno di referenziato che possa sostituirla. E così ho pensato a te. Magari ti fa bene staccare qualche mese da lì, cambiare città, giro...
A. > Grazie! Ma come faccio con i bambini? Con un affitto a Milano... Fare avanti e indietro da Lucca. Non lo so...
C. > Pensaci, hai cinque minuti da adesso. Tic Tac Tic Tac... Scherzo! Pensaci qualche giorno, ok? Per la casa non ti preoccupare. Potresti stare da me. L'azienda mi mette a disposizione un appartamento e durante la settimana non ci sono mai. Non ci daremmo neppure

fastidio e non sarei costretta a incappare nella tua molesta polvere di caffè sul lavandino :P
A. > Scema!... Clara... Grazie <3
C. > Niente <3 Spero di essermi fatta perdonare per l'assenza.

Stare in questa casa è ormai quanto di più asfittico sia mai riuscita a vivere. Paola mi evita, in tutti i modi e in tutti i sensi. Se potesse mi passerebbe attraverso. I bambini sono tornati, ma sono nervosi, lagnosi e tutto ciò che termina in "oso" con significato negativo. Per la disperazione decido di accettare una cena da mia madre. La sua pedagogia affonda le radici nei racconti del libro Cuore nei quali si narra che lo svilimento della progenie è utile a forgiarne il carattere. Questa teoria è riassumibile in poche e semplici regole:

1. I figli degli altri sono sempre migliori dei tuoi;
2. Punire è necessario, premiare è superfluo;
3. Se una cosa è fatta bene, poteva essere fatta meglio.

Sulle questioni amorose, poi, mia madre non ha mai il minimo dubbio sul mio comportamento.

Lascio io? Sono una stronza e ho un carattere orribile che mette a dura prova persino l'amore materno. Vengo lasciata? Sono una stronza e ho un carattere orribile che mette a dura prova persino l'amore materno. Life is easy. Entro in casa, e non faccio neppure in tempo ad appoggiare il cappotto che già vengo subissata di domande circa la fine della mia storia con Paola. Agli occhi di tutti - e per lungo tempo anche ai miei – era sembrato l'amore della vita, l'ultimo, il definitivo. E invece è finita. Provo un po' di invidia benevola per quelle persone che incontrano l'amore al primo colpo. Io beccherei il primo colpo - fatale - solo alla roulette russa. Mentre mia madre volteggia da un adorabile cazziatone all'altro, non riesco a fare meno di notare che lei è, nei confronti dei nipoti, l'antitesi di ciò che è stata con i figli. I nipoti possono mangiare a tutti gli orari, in tutti gli ambienti, insozzare qualsiasi superficie calpestabile e non, scorrazzare in salone con il triciclo, il monopattino, lo skate, i rollerblade e forse, da grandi, anche parcheggiarci un SUV. Per noi figli, invece, era obbligatorio muoversi sul pavimento il meno possibile e con le pattine ai piedi, per non sciupare la lucidatura a cera. Mangiare sul divano era inimmaginabile, era un avvenimento che si verificava solo nei telefilm davanti ai quali venivamo abbandonati per ore a fantasticare una vita diversa, fatta anche di briciole e pop corn rovesciati tra i cuscini del sofà blu che troneggiava in sala. Quando ho provato a chiedere spiegazione su questo cambiamento educativo, ho ottenuto un laconico "Ma i nonni servono a viziare". Stronza io - e pure quei quindici manuali di psicologia dello sviluppo - a sostenere che i nonni forniscono un valido supporto educativo ed emotivo nello sviluppo del bambino. Di positivo, questa cena, ha l'effetto propulsivo di spingermi ad accettare il lavoro a Milano. Devo muovermi o il nulla mi ingoierà. Essere cresciuta guardando la Storia Infinita è servito a mantenere vigile la mia attenzione.

Una volta tornata a casa, consulto Antonio sulla "questione Milano" e si dimostra favorevole a sopperire alla mia mancanza. Propone che i bambini vivano nella nostra vecchia casa, visto che il breve soggiorno, durante la mia crisi dopo la separazione da Paola, era stato positivo. Comunico la decisione a Paola che, come sempre, non batte ciglio e si limita a chiedere la logistica dell'operazione. Non resta che contattare Clara e sperare che, per una volta, la ruota del karma giri nel senso contrario al "fottiti". Sarebbe già una vittoria.

Apro Messenger.

```
A. > Ci sto.
C. > Io passo!
A. > Dai! Ci sto con il lavoro!
C. > Davvero? Hai capito come organizzarti?
A. > Non nei dettagli, ma posso contare su Antonio per la gestione dei bambini e marginalmente anche su Paola.
C. > Allora perfetto. Procediamo!
```

L'indomani mattina vengo contattata dall'amica di Clara e nel pomeriggio ricevo la telefonata dell'Art Director che fissa un appuntamento per la mattina seguente. Del resto, loro ignorano che abito a trecentocinquanta chilometri di distanza. Inizia il giro di consultazione logistica per i bambini, per capire chi prende chi e lo porta dove e mi lascio andare alla disperazione di fronte al mio armadio, in cui gli abiti si possono dividere equamente in: non entra più, non entrerà mai più e fa schifo. Meglio noto come: non ho niente da mettere. In genere reagisco positivamente allo stress, ma crollo davanti alla mia giacca preferita che presenta scuciture evidenti e anche un paio di buchi da tarma. Piango a singhiozzi come non succedeva da tempo e riesco a darmi un contegno solo quando mi accorgo che c'è Michele, sulla soglia della camera, che mi fissa preoccupato. Mi alzo, asciugo con signorilità indiscussa occhi e naso su una manica e lo abbraccio.

«Mamma, non piangere che poi ti cola il trucco e sembri Kung Fu Panda.»

Sorrido: tra poco sarà alto come me. Ha gli occhi verdi di suo padre e i miei lineamenti. Mi torna in mente quando era neonato. Sento l'ancestrale groppo alla gola di tutte le madri quando realizzano che il piccolino che hanno vegliato, nutrito e coccolato, si è trasformato in un ragazzino, o quasi. Non posso permettermi un'altra crisi di pianto e così la butto sul ridere, come faccio sempre nei momenti in cui la vita mi pianta un coltello alla gola. Chiudo l'armadio, rubo una giacca da quello di Paola, stiro una camicia ed estraggo un paio di jeans dal cumulo di abiti sulla sedia.

Mi vesto e rivedo il giorno della discussione della tesi di laurea, quando il relatore mi presentò alla commissione come "Un Caterpillar che punta all'obiettivo e non si lascia spaventare dalle difficoltà". Da quel giorno questa frase mi infonde calore e sicurezza, mi tende la mano quando, oltre a cadere, indugio a terra ad autocommiserarmi o corro in un angolo buio a ciondolare. Mi guardo allo specchio: dovrei dare una sistemata anche ai capelli. È già molto tardi, ma la mia parrucchiera è un angelo e trova il modo di incastrarmi tra un appuntamento e l'altro. Ho deciso di cambiare colore. Voglio essere bionda. È il momento.

Daniela, la parrucchiera, è perplessa. I miei capelli impregnati da anni di henné difficilmente potranno diventare biondi con una sola seduta. Ma ho deciso e insisto, nessun problema tricologico mi fermerà. Propone un taglio drastico, in modo da avere meno lunghezze da colorare e avvicinarci alla cute. Mi affido fiduciosa alle sue mani. Dopo un paio d'ore, durante le quali transito dalle forbici al lavatesta e poi al casco - passando per l'applicazione di striscioline di carta stagnola - riesco a guardarmi allo specchio. I lunghi boccoli rossi non ci sono più. Peccato che, invece del tanto desiderato biondo dorato di Meg Ryan, lo specchio mi rimandi l'immagine dell'Ape Maia. Il biondo miele che avevo sognato è in realtà un giallo senape. Non so se ridere o piangere. Come al solito sono quella che fa la cosa sbagliata al momento sbagliato. Ma ormai è tardi. Domani, oltre ad andare al colloquio vestita da Barbie Reginetta dei Barboni, avrò i capelli del clown di McDonald's.

A casa le reazioni dei miei figli non lasciano speranze. La mazzata finale arriva dal cane che non mi riconosce e ringhia diffidente.

4.
Sorsi di sabbia

L'indomani mattina salgo su una macchina in *car sharing* verso Milano. Saluto i bambini con un bacio che chiede perdono e che loro non ricorderanno perché dormono profondamente. Nel cuore, la certezza che il legame che mi univa a Paola, i progetti cui avevo dedicato tante energie e tutto ciò che fino a poco tempo fa consideravo la mia vita, è stato spazzato via per sempre. Per fortuna Paola non è uscita dalla camera, non ce l'avrei fatta a proseguire verso la porta. Inghiotto le lacrime, ritocco il trucco e cerco di concentrarmi sul colloquio che mi aspetta di lì a poche ore. È la mia opportunità di *revanche* e non devo sprecarla. Viaggiare con il *car sharing* è sempre un'esperienza illuminante. Entrare in contatto con l'umanità - dopo mesi di lavoro da casa - è una benedizione, senza contare che le persone mi appassionano da sempre. Ne ho consapevolezza da quando, all'università, abbandonai Archeologia per potermi specializzare in Antropologia Culturale. Ad aspettarmi, nel luogo dell'appuntamento, un maggiolone nero cabrio da cui esce un uomo sui trent'anni dal volto simpatico e due occhialoni giganteschi. In macchina mi siedo dietro, confidando nell'ora fatale che precede l'alba, in cui nessun essere umano sente la necessità di comunicare. Almeno secondo me. I miei compagni di viaggio non sono della stessa idea: fremono dalla voglia di conoscersi e presto parte il giro delle presentazioni. Così arriva anche il mio turno.

«Mi chiamo Arianna, lavoro come CopyWriter, Social Media Manager e Digital Strategist. Sono una libera professionista. Più professionista che libera perché vivo vessata da tasse, scadenze impossibili, clienti isterici e spesso insolventi.»

La presentazione è sempre la solita e a questo punto della vita sono piuttosto spedita nello spiattellarla all'interlocutore. Anche questa volta arrivano le domande di approfondimento, ma oggi ho troppo sonno per dilungarmi in dettagli e taglio corto. Invece vengo spronata a parlare dal conducente:

«Ma non ci hai detto cosa vai a fare a Milano. Anzi, non ci hai detto se vai o torni.»

«Vado. Abito a Lucca. In realtà forse da oggi in poi abiterò un po' pure a Milano.»

E in un attimo spiffero a quattro sconosciuti l'angosciosa storia che porto dentro.

«Eh, sì... perché a Lucca ho due figli, un ex marito e adesso anche una ex compagna e forse pure una ex figliastra. Credevo che Paola mi amasse, invece sospetto mi abbia solamente usato per trasferirsi da Roma a Lucca. Quando siamo andate a convivere ha iniziato ad essere fredda, distante, a evitarmi da tutti i punti di vista. In seguito ha cominciato a dubitare dei suoi sentimenti. Allora io, esasperata, ho deciso di chiudere, ma lei si è solo preoccupata della reazione di sua figlia. Capite? Nemmeno una cazzo di parola per me! Da mesi aspettavo di sapere cosa provasse, cosa volesse fare di noi. Lei, sempre scontenta, sempre con il muso, con me, con i miei figli, sempre a riprendermi. Insomma, che cazzo! Non si fa così, si è pure fatta lasciare! E così adesso cerco di rialzarmi, di riprendere in mano una vita che è rimasta in stand-by a causa sua. Capito che merda? Cazzo!»

Mi accorgo di aver esagerato. Ho urlato pure un po'. Nell'abitacolo è sceso il silenzio e nessuno osa intervenire. Cerco di trattenere le lacrime e mi scuso per la reazione da isterica impulsiva che mi contraddistingue nelle situazioni di tensione. Il ragazzo accanto al guidatore prende la parola.

«Mi spiace, Marianna. Io sto andando a Milano dal mio fidanzato, ma la storia con il mio ex è andata esattamente così. So come ti senti, ma ti posso assicurare che è più salutare lasciare andare. La tua aura è indebolita e sento che i tuoi chakra sono chiusi. Lavoro in un centro olistico, facciamo terapie naturali, vieni a trovarmi. Magari ti fa bene qualche seduta di trattamento dei chakra. Ecco, ti do il biglietto da visita.»

Non faccio in tempo a correggerlo sul fatto che mi chiamo Arianna, e non Marianna, che trovo tra le mani un cartoncino verde fluo, con dei fiori di loto fucsia e una specie di uomo vitruviano arcobaleno. Mi sanguinano gli occhi, ma non aggiungo niente. Dopo un po' i passeggeri riprendono vita e iniziano a parlare di locali e posti cool dove andare a cena. Io ne approfitto per infilarmi le cuffie, scegliere la playlist più triste che trovo e ciucciarmi il dito mentalmente, mentre guardo il paesaggio correre veloce a lato del finestrino.

Milano mantiene la promessa di città nebbiosa e mi dà il ben arrivata con un freddo da spaccare i denti e un'umidità in grado di congelare i bulbi piliferi. Cerco di infondermi coraggio, mentre faccio amicizia con la metropolitana e la mappa online per orientarmi nella grande città. Non ho mai viaggiato da sola, sebbene sia sempre stato un mio sogno. C'era sempre qualcuno con me: un'amica, un fidanzato, Paola. Oggi ho la prima occasione per dimostrare a me stessa che io - e i miei capelli giallo uovo - ce la possiamo fare. Non ho più paura di avere paura. Riuscirò ad orientarmi non solo a Milano, ma nella vita. Sono una professionista apprezzata e il colloquio andrà bene. Anzi, meglio. Ripeto queste frasi auto motivazionali tra una pausa e l'altra del navigatore che annuncia dove svoltare. Magari ci fosse una mappa anche per i bivi dell'esistenza! Avverto un attimo di panico quando lo schermo inizia a ruotare impazzito e una voce metallica di donna intima di proseguire verso Nord. Ma cazzo, come dovrei trovare il Nord? Con una bussola? Pedinando un pinguino? Perché non dici vai dritta, svolta a destra, a sinistra? Vai a quel paese, piuttosto. Decifro le indicazioni seguendo il nome delle strade. Tra il mantra che ripeto nel cervello, l'ansia per il colloquio e la necessità di capire dov'è il Nord, non mi guardo intorno con l'attenzione che vorrei. Noto comunque la proverbiale fretta dei milanesi e mi stupisco della gente che sbuffa se non riesce a salire sulla metropolitana.

Nella mia città sei già fortunato se il bus passa ogni ora. Ma, secondo le mie teorie, in provincia l'attesa dei mezzi pubblici è voluta, perché la pensilina del bus è un importante spazio di socializzazione. Rappresenta anche l'occasione per commentare i cantieri, i lavori del Comune, la politica e le notizie di attualità. Un po' come accade intorno alle affissioni mortuarie, commentate da gruppi di coetanei degli ottuagenari compianti che non sanno se dispiacersi - ho sentito un uomo dire "poverino, era così giovane, aveva solo 82 anni" - o rallegrarsi di essere ancora lì, vivi e arzilli abbastanza da esprimere un parere sui trapassi altrui. Uno spaccato sociologico che va perso nello scarso tempo di attesa milanese. Io che amo la pace toscana e le passeggiate lungo il parco fluviale, non so se riuscirò ad abituarmi ai ritmi di questa città. Al pensiero che non potrò vedere i miei figli tutti i giorni mi gira la testa, mi manca l'aria. Ricaccio il pensiero da dov'è venuto, laggiù, incastrato tra un'ansa intestinale e l'altra. Il Nord forse l'ho trovato, anche in assenza di pinguini e stella polare. E anche il luogo del colloquio. Sono davanti alle porte dell'agenzia. Come sempre sono in anticipo, affetta da Sindrome del Bianconiglio dalla più tenera età e per induzione materna; non a caso ho ricevuto più esortazioni ad accelerare i tempi che complimenti. E sto trasferendo questo pessimo imprinting anche a Vanessa. Lo scorso anno, con Paola, abbiamo ospitato una ragazza alla pari di origine scozzese. La poverina ha imparato due parole di italiano ed erano "muoviti"e "sbrigati" sempre riferiti, inutile aggiungerlo, alla mia secondogenita. Come caratteristica positiva ereditata dal passato, invece, porto in dote dagli esami universitari la spavalderia nel sostenere i colloqui. Prima di varcare la soglia faccio un bel respiro, ripeto merdamerdamerda, come ho imparato a teatro, ed entro in scena, sicura di me e con lo sguardo piantato negli occhi dell'interlocutore, schiena dritta, mano tesa e stretta salda, col sorriso di chi sa di sapere.

Mi siedo e mi accorgo di avere una bella patacca di caffè proprio all'altezza dello sterno. Niente incrina la mia solida baldanzosità come una patacca. Altro che medaglie alla buona cucina: questo è il super alone della sfiga che mi insegue! Se almeno non l'avessi vista... Invece l'ho vista, non posso ignorarla. Succede così anche quando il mio interlocutore ha un brufolo gigante sulla fronte: più cerco di non fissarlo, più il mio cervello fugge dalla conversazione. Un incubo. E durante il colloquio non è il massimo. Decido così di fare la splendida e scherzarci sopra. «Toh, guarda, mi sono rovesciata del caffè addosso! Ma meglio avere una macchia sulla camicia che sul curriculum.» Quel curriculum senza macchia viene esaminato da quattro persone che chiedono informazioni sulle mie variegate esperienze lavorative. Sono rilassata, brillante come una flûte di cristallo. Dopo svariati mesi trascorsi a sentirmi un chewing-gum sotto la suola, pare già un discreto traguardo. Punto ad avere il posto, quindi non mi limito a rispondere, ma contrattacco con domande intelligenti. Un'ondata di autostima stira il mio ego stropicciato troppo a lungo e l'accolgo con estasi mistica. Esco dal colloquio soddisfatta, anche se il loro neutro "le faremo sapere" non lascia intravedere l'esito.

I bambini dormono, quando rientro. La casa è silenziosa e buia. Prima di salire la rampa che mi condurrà alla stanza degli ospiti, busso a quella che, fino a pochi giorni fa, era anche la mia camera. Paola mi dice di entrare. La trovo intenta a leggere un libro.

«Ti aspettavo.»

«Eccomi qui.»

«Allora, com'è andata?»

«Non lo so, mi faranno sapere.»

«A te che è sembrato?»

«Mi sembra di aver fatto bene, poi non so...»

«Sono sicura che andrà bene. Sei brava.»

«Dici? Ultimamente non sono più sicura di niente.»

«Su questo devi esserlo. Beh, sarai stanca, vai a dormire...»

«Sì, ok. Buonanotte.»

«A te.»

Titubo per un frazione di secondo con la mano sulla maniglia della porta, ma lei è di nuovo concentrata nella lettura. Per un attimo ho sperato che mi chiedesse di dormire lì. Chissà se lo avrà pensato anche lei. Smetto di tentare di interpretare i suoi pensieri, mentre i miei si addensano e si appesantiscono ad ogni scalino. Mi lascio cadere sul letto e avvolgere da sogni agitati.

Sorseggio il primo caffè della giornata, arruffata dalla notte difficile appena conclusa. Non ho ancora parlato con nessuno, il che ha conferito alla mia voce il tono caratteristico del baritono tabagista. Il "pronto" con cui rispondo al telefono lascia spiazzato l'interlocutore che chiede titubante della

"Dottoressa". Sono indecisa se ribattere con un "le passo subito mia sorella" per uscire dall'imbarazzo, ma decido che schiarirmi la voce e pronunciare il più soave "sono io" che la storia delle compagnie telefoniche ricordi, possa almeno evitare ulteriore confusione sulla composizione del mio nucleo familiare.

«Buongiorno, volevamo dirle che saremmo lieti di continuare il percorso di selezione. È disponibile questo pomeriggio alle 16.30?»

«Che bello! Mi lasci controllare l'agenda. La posso richiamare tra dieci minuti?»

Guadagno un po' di tempo, preziosissimo per negoziare con Antonio e Paola una redistribuzione di pediatra-sport-scuola-laspesalafaitualritorno. Confermo l'orario e inizio la frenetica rincorsa verso quello che sarà il secondo colloquio milanese. Anche questo passaggio con i selezionatori sembra uno scambio stimolante e soddisfacente. L'adrenalina e la gratificazione riescono ad avere la meglio sulla stanchezza, riesco così a guidare fino a casa senza immaginare che quei chilometri dovrò percorrerli ancora una manciata di volte. I giorni successivi trascorrono in un surreale pendolarismo. Ho la sensazione di vivere in un ipotetico gioco di società: quando credo di essere finalmente giunta sulla casella giusta, pesco la carta "Complimenti! Fai il pieno di carburante e caffeina e percorri trecentocinquanta chilometri in direzione contraria". Durante il primo colloquio, l'aspetto logistico della mia esistenza era scivolato in secondo piano, travolto dall'enfasi con cui ci siamo confrontati su progetti e obiettivi di questa potenziale collaborazione. E questo ping pong geografico ne è il risultato. Al termine di questa Parigi-Dakar professionale, esco dalla nube di sabbia desertica e trovo ad attendermi un'e-mail con la proposta di assunzione. Non ci credo, mi hanno presa! Non so se essere felice o disperata. Ho un'alternativa al baratro della mia vita che crolla e la prospettiva di dover trascorrere a Milano la settimana lavorativa senza figli. Non posso che accettare e confidare nei miei superpoteri di bionda. Vabbè, di gialla senape. Scrivo a Clara, sperando che l'offerta della casa sia ancora valida. Da qualche giorno non la sento.

A. > Ehi, mi hanno preso!
C. > Brava! Ne ero certa! Con un curriculum come il tuo sarebbero stati scemi a lasciarti scappare!
A. > Bene, dai. Senti, ma la proposta della casa è ancora valida?
C. > No, è scaduta. Ti lascio un cartone alla stazione Garibaldi, va bene

lo stesso? Scemona. Ti pare che mi tiro indietro? Senti, io parto domani all'alba, tu quando arrivi a Milano?

A. > Domani sera. Inizio martedì. Alla faccia della scaramanzia del vecchio adagio che "Né di Venere né di Marte non s'inizia e non si parte".

C. > Allora ti mando un messaggio con l'indirizzo e lascio le chiavi al bar sotto casa, va bene?

L'ultima notte qui, in quella che pensavo fosse la casa dove sarei invecchiata e persino morta. E invece è tutto finito, sfiorito, da buttare. Da domani avrò una nuova casa e una nuova vita. E quella che lascio? Dove va? In quale cassonetto si buttano i sogni infranti, i cuori fracassati, le budella attorcigliate? Dovrò pensare al trasloco, ma dove? Sarò costretta a trascorrere i fine settimana nella ex-casa-ex-bedandbreakfast sentendomi sia una donna che ha sbagliato scelte sia una turista che ha sbagliato prenotazione. E i bambini come faranno senza di me? Ma soprattutto, come farò io senza di loro tutti quei giorni? Riuscirò ad inventarmi una nuova faccia, una nuova esistenza? Mi alzo e vomito.

La casa di Clara è esattamente come la immaginavo: un bilocale anonimo e carino, in un condominio anonimo e carino di un quartiere anonimo e carino. Mi sento come se stessi violando l'intimità di una persona che non conosco, nonostante questo appartamento abbia poco di vissuto. Gli unici oggetti personali di Clara si trovano su un ripiano del mobiletto del bagno e in una parte dell'armadio. Si capisce che è una tana provvisoria per persone di passaggio, anche se ho imparato che sono di passaggio anche quelle che sembravano eterne. Disfo le due valigie di vestiti e scarpe che mi sono portata dietro e sistemo tutto nella parte vuota dell'armadio. Le lenzuola sono fresche di bucato; una volta a settimana viene una signora che si occupa delle pulizie. Per stasera evito di fare la spesa e mi concedo una cena al ristorante cinese dietro l'angolo. Rientro e chiamo i bambini su Skype. Loro sono divertiti dal potermi vedere su uno schermo. Io cerco di essere simpatica ed esilarante, ma ho un groppo alla gola. La mazzata me la dà Vanessa quando mi dice "Mamma è buffo parlarti attraverso il computer, però mi mancano gli abbracci." Li rassicuro che tra pochi giorni saremo di nuovo insieme, ma vorrei essere altrettanto brava nel riuscire a consolare quella parte di me che piange disperata.

Il primo giorno di lavoro mi distrae dai sensi di colpa, in fondo ho sempre sostenuto che se molti padri trascorrono la settimana fuori casa e rientrano solo nel weekend, niente vieta che lo faccia una madre. Bella la teoria, vediamo la pratica. L'ufficio è un grande open space e il team è composto da ragazzi. Mi deprimo nel constatare che il più vecchio ha forse due anni meno di me, ma sono tutti simpatici e alla mano. Entro subito in sintonia con Emanuela, la grafica con l'anima da artista che sfoga il suo talento di pittrice nel tempo libero, e Andrea, un ragazzo in cui convivono l'amore per le tabelle Pivot e i giochi di ruolo. Cerco di abituarmi alla vita da ufficio e personalizzo la mia postazione mettendo accanto al PC un giochino di Vanessa rimasto in borsa. La prima regola, quando sei in posto di lavoro nuovo, è familiarizzare con l'ambiente, soprattutto con la macchinetta del caffè. È fondamentale anche capire se è più cool portarsi il pranzo da casa, mangiare al bar o non mangiare affatto fingendosi inappetenti, per poi ingurgitare di nascosto le croccantelle al prosciutto del distributore automatico. Imparo in fretta e in breve tempo divento la maga della schiscetta, come una vera milanese. Dopo pochi giorni domino il quartiere, o almeno quei tre negozi indispensabili: il mini market all'angolo, il negozio di tabacchi e il chiosco dove bere una birra prima di rientrare in casa. Milano inizia a piacermi. Vista da vicino è una matrioska di realtà variegate. Da brava provinciale apprezzo il proprietario del chiosco che, dopo la terza birra, saluta chiamandomi per nome e racconta i suoi programmi per l'estate; così come la signora dalle rassicuranti forme morbide che con familiarità mi aiuta a scegliere le mele. Cerco di aggrapparmi a questi pochi punti di riferimento anche se mi sento divisa, strappata. La prima settimana di lavoro scivola via veloce. La novità riesce ad occupare la mente quel tanto che basta a tenere a bada le viscere, anche se il pensiero di Paola e dei bambini si ripropone in continuazione. Per fortuna Emanuela e Andrea sono pazienti. Ascoltano i miei sfoghi di mamma *expat* con affetto e non c'è pranzo o pausa caffè in cui io non li ammorbi con le mie vicende familiari. Certo, oggi che Emanuela esce prima per andare a prendere sua figlia a scuola, mi sento risucchiare in un tombino dai sensi di colpa. Mi mancano i bambini.

Arrivo a Lucca tardi, il venerdì. È già notte. Avverto una stretta allo stomaco quando, invece di girare a destra al bivio, verso quella che adesso è casa di Paola, proseguo lungo la strada. E la mia vecchia casa mi sembra estranea, impersonale. Mi sento così anche io, sradicata tra gli sradicati, ma i miei figli sono al piano di sopra e questo basta, almeno adesso. Antonio aspetta sveglio. Ha il viso teso, anche se cerca di non darlo a vedere. Lo capisco. Nemmeno per lui è stato un bagno di sollievo la mia nuova separazione e il nuovo assetto, piuttosto instabile, delle vite dei suoi figli. Vorrei essere rassicurante, ma scoppio in lacrime e riesco solo a mormorare un «Mi dispiace, sono un disastro.» Non commenta, apre una birra e me la porge con un sorriso. Basta poco per ritrovare la sensazione di famiglia. Nonostante la precarietà è di certo la situazione più intima che ho vissuto nell'ultimo mese. Il fine settimana scappa troppo velocemente. Al mio ritorno nella casa di Milano trovo la spesa nel frigo. Sul tavolo anche le chiavi e un biglietto di Clara.

Ciao, sono la coinquilina fantasma e ho pensato ti facesse piacere trovare il frigo pieno e un po' di birra per curare l'insonnia notturna. Le chiavi sono per te. Così evitiamo di lasciarle sempre al tizio del bar.

Il mazzo di chiavi mi commuove più di un mazzo di fiori e quasi quanto la scorta di birra. Clara è un tesoro, ci sentiamo diverse volte al giorno. I suoi messaggi mi fanno compagnia. Anche Paola scrive spesso. Non so se per abitudine, senso di colpa o mancanza. Chiede come sto, se ho mangiato, se ho dormito, come va in ufficio o come è andato il viaggio. So che è il suo modo di esserci, ma credo che nessuno possa sapere davvero come mi sento. Nemmeno io. Ci sono momenti in cui assaporo la gioia della novità, della vita "da sola" che non ho mai avuto, del lavoro che mi piace, ma lo sconforto non accenna a diminuire. La sera poi, quando penso di dover tornare in una casa estranea da sola, senza la mia famiglia, è il momento peggiore. Del mio preoccupante stato psicologico ricevo conferma la mattina successiva. Sono in pausa caffè e parlo con Emanuela. Commentiamo l'ultimo evento che abbiamo organizzato, con dovizia di battute sarcastiche sull'ingordigia primordiale che assale uomini e donne di ogni ordine e grado davanti ai buffet gratuiti. Non importa quanto tu sia in alto nell'organigramma aziendale: basta una monoporzione di tiramisù a trasformarti nel Dolce Remì che non mangia da una settimana. Il decoro manageriale viene risucchiato come un calice di prosecco. Mentre cerchiamo di soffocare le ultime risate, tira fuori il cellulare e mi mostra con orgoglio un pupazzetto che lei e la sua bambina di cinque anni hanno cucito insieme nel pomeriggio. Inizio a piangere a dirotto, tra lo sguardo incredulo e sbigottito di tutta l'area break. Corro in bagno. Lei mi raggiunge e bussa alla porta. Cerco di recuperare un minimo di dignità mentre asciugo le sbavature del rimmel colato intorno agli occhi. Mi tende le braccia. Poi le lascia andare, mi guarda e chiede: «Ari, quanto pensi di resistere in questa condizione? Sei stremata. Vivi troppi giorni a settimana lontana dai tuoi figli. Hai appena chiuso quella che pensavi essere la storia della tua vita, hai cambiato esistenza, regione e lavoro. O ti fai aiutare o ci rimani sotto.» Aiutare. Farmi aiutare. Di solito sono io quella che aiuta. Quella che ascolta, che conforta, che sprona. E poi come dovrei fare? Chi potrebbe aiutarmi? Sono sola, posso contare solo su me stessa. Mi sento bipolare e schizofrenica. A Milano ho un impiego gratificante che mi offre sicurezza economica. A Lucca ho i miei figli, la mia ragione di vita, e impazzisco nel pensare loro senza di me e me senza di loro. Le crisi di pianto aumentano insieme agli sbalzi d'umore. Anche le conversazioni serali con loro sono tese. I bambini accusano la mancanza e io sono nervosa. Spesso li incalzo per conoscere i dettagli della loro giornata e loro, poverini, cercano di ricordare; ma spesso sono stanchi o presi dai loro giochi e le loro risposte sintetiche mi provocano dolore. Ogni volta che chiudo la video chiamata, singhiozzo. Mi sento in colpa.

I messaggi in cui Antonio mi scrive di essere preoccupato, perché Vanessa mi cerca in lacrime e Michele si è chiuso nel silenzio sforzandosi di essere maturo, mi terrorizzano. Soffro d'insonnia. Fatico ad addormentarmi, mi sveglio con il cuscino bagnato di lacrime e mi alzo con la schiena spezzata. E non solo quella. Inizio a pensare che l'unico cambiamento positivo sia quello delle mutande. Altro che cogliere opportunità, si colgono mutande asciutte. Il cambiamento non fa per me, nonostante per anni abbia millantato il contrario.

Provo a reagire, cerco di lavare lacrime e tristezza con una doccia, ma mentre sono sotto il getto, il saliscendi si stacca improvvisamente colpendomi sulla testa. Dopo svariati tentativi andati a vuoto, finisco con lo sciacquarmi i capelli accucciandomi sul piano doccia per arrivare all'acqua che esce direttamente dal muro. Se entrasse l'assassino di Psycho sarebbe lui a morire. Dal ridere. Rinuncio al balsamo e assumo, dopo l'asciugatura, le sembianze del leader dei Kiss, solo coi capelli giallo paglia, dopo che il senape ha iniziato a sbiadirsi fino a prendere la colorazione di una balla di fieno marcia. Adesso i capelli hanno cambiato tonalità di giallo e in testa ho della stoppa. Pazienza. Scriverò a Clara per chiederle il numero di un idraulico e di un parrucchiere.

Mentre sono in stazione vengo a sapere dall'altoparlante che è in corso uno sciopero dei mezzi e che le corse della metropolitana non sono garantite. L'antropologo che è in me, dopo aver evocato un elevato numero di divinità note, comprese quelle venerate dagli Nzema del Ghana, decide di prendere un taxi. Con lo sciopero anche gli efficienti taxi di Milano sono ingolfati nel traffico e aspetto per venti minuti. Nemmeno ho il tempo di sedermi che il tassista si sente in dovere di commentare l'agitazione sindacale in corso. Se la prende con la lobby gay, colpevole, secondo lui, di distrarre il Parlamento con il dibattito sui matrimoni omosessuali, invece di pensare alle condizioni dei lavoratori. Cerco di mantenere la calma e non sbraitare. Rifletto sul fatto che il tassista, nel suo essere retrogrado, disapprova qualcosa che la nostra timida politica non ha neppure ratificato: il matrimonio. Diritti e doveri, gioie e incomprensioni, tutto nello stesso istituto giuridico. Perché aggiungerne uno nuovo? Perché creare le "Unioni Civili"? D'altra parte non si capisce perché una donna non possa incazzarsi con la propria moglie che lascia i panni sporchi in terra e la tazzina sulla mensola del bagno, con la solennità istituzionale che queste gravi mancanze meriterebbero. Le mie elucubrazioni sull'inadeguatezza della legge discussa dal

Governo vengono interrotte dalla chiosa del tassista secondo il quale "i problemi sono altri". Credo nel dialogo, ma ho capito che coloro che si nascondono dietro frasi del genere sono i primi che hanno a cuore solo i problemi personali. Perché dobbiamo stabilire una scala della dignità? La causa del buco dell'ozono è più o meno nobile di quella dei bambini orfani in Africa? Ci sono diritti di serie A e diritti di serie B che devono scontrarsi come in un derby calcistico? Mentre affliggo la mente con queste amare riflessioni, mi accorgo di essere arrivata a destinazione. Pago e mi incammino verso l'agenzia.

Non mi sono ancora tolta la giacca che in ufficio vengo raggiunta da Andrea. Mi comunica che il capo vuole parlarmi insieme alla responsabile delle risorse umane. Ottimo. Sento in lontananza il frinire delle locuste che stermineranno quel poco di speranza residua nel futuro. Entro nella stanza e mi siedo. Lui sorride, ma non vuol dire niente: in molti sorridono quando i drammi non sono i propri.

«Allora Arianna, come stai?»

«Ehm, bene, a parte lo sciopero, il tubo della doccia e i capelli.»

«Come?»

«No, niente, dicevo "bene" nonostante la

partenza un po' in salita di questa mattina. Ma io nelle salite vado forte.»

«Ah, bene. Allora, ti ho convocata perché sono già trascorsi un paio di mesi e volevo sapere come ti trovi qui, se il lavoro ti piace...»

«Sì moltissimo, mi trovo molto bene.»

«Oh perfetto! Senti Arianna, dato che ti trovi bene e ci piace come lavori, abbiamo pensato di proporti un contratto a tempo indeterminato, in modo che tu possa rimanere anche dopo che la collega sarà rientrata dalla maternità.»

Il cervello inizia a scandire la parola i-n-d-e-t-e-r-m-i-n-a-t-o in loop, finché non realizzo che mi stanno fissando in attesa di una risposta. Non so che dire, sono paralizzata. Sogno un contratto a tempo i-n-d-e-t-e-r-m-i-n-a-t-o dai tempi della laurea. È arrivata, è la possibilità di riscatto sociale dopo tanti anni passati a rincorrere clienti senza budget, debitori che spariscono e progetti che vengono pagati in visibilità. Però qualcosa stride e non capisco cosa sia. Sarà la mia parte sabotatrice che, appena si concretizza il risultato tanto sperato, butta tutto all'aria e scappa? Non lo so proprio, ma non è questo il momento per lasciar emergere il dubbio.

«Davvero? Beh, sarebbe bellissimo!»

«Sicura? Non hai proprio un'espressione felice...»

«Lo so, è che quando non mi aspetto una notizia positiva rimango un po' pietrificata, ma sono davvero entusiasta della proposta!»

«Ottimo, allora tra qualche giorno firmi il contratto, va bene?»

Esco barcollante e torno al mio posto. Emanuela e Andrea mi raggiungono per sapere il motivo della convocazione. La notizia viene accolta con gioia ed entusiasmo tali che propongo un brindisi con il caffè della macchinetta. Quando una è Signora è Signora sempre. Approfitto della pausa per scrivere alla famiglia e comunicare la novità. Il primo è Antonio, la seconda Clara, la terza mia madre. Non so se dovrei scrivere anche a Paola, ormai che le importa? La mia precarietà di reddito non è più un suo problema. Vorrei mantenere il punto, ma non riesco. Scrivo anche lei che addirittura telefona per congratularsi. Chissà se è felice davvero o soltanto sollevata dal timore di eventuali strascichi economici della nostra separazione?

In metropolitana l'attenzione si posa su una signora anziana, vestita con quell'eleganza sobria tipica dell'alta borghesia milanese del secolo scorso. Penso a Zia Italia, la mia nonna acquisita. In realtà non siamo parenti, nemmeno alla lontana, ma a lei sono legati indissolubilmente i ricordi più dolci della mia infanzia. Quando abitavo a Roma, vivevo con la mia famiglia in un appartamento all'ultimo piano di un grande palazzo che si affacciava su una piazza trafficata e rumorosa. Trascorrevo i pomeriggi a casa sua. Mi piacevano le luci soffuse delle *appliques* sulle pareti, molto più discrete dei nostri lampadari, la libreria immensa che occupava una parete intera, i quadri antichi, i ninnoli preziosi che decoravano il mobilio austero, il tappeto di ottima manifattura che aveva fatto pace con il tempo che passa senza esserne offeso. Amavo soprattutto il grande tavolo rotondo rivestito da un panno verde, sempre pieno di libri, quaderni e penne. Ogni giorno, Zia Italia mi seguiva nei compiti con severità benevola e con la sua cadenza milanese, rimasta immutata nonostante i molti anni trascorsi nella capitale. E poi la merenda a base di pane, burro, acciughe e puntate dell'ispettore Derrick. Mi ha trasmesso il culto dell'arte e alimentato la mia passione per la scrittura e la letteratura, oltre a quella per i grassi saturi. È di sicuro la persona della mia infanzia che mi manca di più. Dopo il nostro trasferimento in Toscana l'ho vista poche volte, l'ultima qualche anno fa.

In quell'occasione mi ha regalato la più grande lezione sull'amore che potessi imparare.

Vedova dall'età di trentatré anni, non si è più risposata. Ha cresciuto i figli da sola, vendendo le opere d'arte ereditate dalla sua famiglia e lavorando come amministratrice del condominio dove viveva. Un po' sfacciatamente le ho chiesto come mai avesse scelto di rimanere sola. Lei, con me sempre molto affettuosa ma altera, mi aveva guardato con gli occhi pieni di lacrime.

«Sai, non ho voluto più nessun uomo accanto perché sarebbe stato di troppo. Il grande amore della mia vita è stato mio marito e nessuno mai avrebbe potuto prendere il suo posto. Ci siamo amati moltissimo e sono stata una donna estremamente fortunata. Nella vita non tutti hanno la possibilità di incontrare il grande amore. Io ho avuto questo immenso privilegio. E anche se siamo stati insieme pochi anni, a me è bastato per capire che il suo amore non era sostituibile o rimpiazzabile. Su, non piangere. Non te l'ho mica detto per farti singhiozzare! Ora basta, vieni a tavola che si fredda il risotto.»

Da quel giorno non l'ho più incontrata. Le sue condizioni di salute si sono aggravate e non ha più voluto ricevere visite. Prima di salutarmi, quel giorno, si è raccomandata che non sprecassi il mio talento e scrivessi un libro. Chissà, magari prima o poi lo farò.

Sono davanti alla porta dell'appartamento. Provo ad inserire la chiave per aprire, ma non gira: sembra chiusa dall'interno. Panico. Perché non si apre? Provo con le altre chiavi, magari è quella sbagliata. Niente, è quella giusta. E allora? Controllo lo zerbino; non sarebbe la prima volta che sbaglio pianerottolo e tento di infilarmi a casa d'altri. La settimana scorsa, mentre ero lì che armeggiavo con la serratura, la porta si è spalancata e ne è uscito un uomo panzuto con sguardo minaccioso. Nonostante le mie imbarazzate spiegazioni, ha continuato a fissarmi accigliato finché non sono stata risucchiata dall'ascensore. Stavolta però l'appartamento è quello corretto, così come la chiave. Penso all'avvertimento della mia dirimpettaia che, proprio questa mattina, mi ha avvisato che i ladri hanno preso di mira la zona. *Mioddio*, mancano solo i ladri in casa! Il cuore batte forte, il respiro si spezza, nonostante cerchi di rimanere lucida. Forse dovrei chiamare la polizia o i vigili. No, meglio aspettare un attimo. Magari i ladri sono usciti all'esterno. Mi precipito fuori e cerco di guardare le finestre, ma sono troppo in alto e coperte dal muro del terrazzo per capire se sono aperte. Torno su. Provo a suonare i campanelli dei vicini, ma non risponde nessuno. Non so che fare. Sono stanca, sembra che il sistema solare si sia adagiato sulle mie spalle. Vorrei piangere, ma l'idea che i ladri mi uccidano e la polizia trovi la mia salma con il trucco in disordine mi strappa un sorriso, sollevandomi da questi pensieri paranoici. Tento di chiamare Clara, senza esito. Desisto e decido di prendere tempo andando a bere una birra al chioschino. Devo avere una cera pessima, tant'è che il barista mi chiede cosa sia successo. Racconto tutto, compresa la paranoia del feretro con il trucco liquefatto. Lui non trova niente di meglio da fare che raccontare della cugina svegliata nel cuore della notte dai ladri che ravanavano nel suo frigo. Nel frattempo telefona Clara.

«Ari, scusa! Ero in riunione. Come stai?»

«Uno schifo! Non riesco ad aprire la porta. Forse dentro ci sono i ladri. Me lo ha detto anche la signora coi capelli a cofana. E allora mi sono spaventata e ho pensato di chiamare la polizia, ma poi ho deciso di prendere tempo e bermi una birra. Clara! Che devo fare?!»

«Intanto respirare. Non ho capito niente. Solo ladri, cofana e birra...»

«La parte più importante del discorso. Ok, allora, casa è chiusa dall'interno. Temo che i ladri siano ancora dentro. Cosa posso fare?»

«Ari, quante chiavi ci sono nel mazzo?»

«Mmh... Tre?»

«Hai provato a inserire la chiave gialla nel buco sopra il nottolino?»

«No, non l'ho mai usata. Sono certa di aver chiuso casa con la chiave azzurra nel buco sotto la maniglia.»

«Oggi è venuta la signora delle pulizie. Vedrai che l'ha chiusa lei. Stai tranquilla, è successo anche a me. Vai a casa e prova. Ora devo staccare, sto andando a cena con dei clienti e non potrò stare al telefono. Finirò tardi, se hai bisogno scrivi su Messenger.»

Dopo aver finito con calma la birra, mi avvio verso l'appartamento, poco persuasa che la soluzione sia così semplice, proprio come quella chiave gialla che appesantisce il mazzo nella sua inutilità. Il giallo semmai è quello che avvolge la porta chiusa. E ora dovrei rischiare di disturbare i ladri e finire in cronaca nera? E poi come può Clara avermi reputata così distratta o incapace, tanto da non riuscire a far funzionare neppure la coppia chiave-serratura? Eseguo le sue direttive. La porta si apre. La chiave gialla ha fatto il suo dovere e io la solita figuraccia. E ho dimenticato di dirle del contratto!

Contravvenendo al saggio consiglio di Emanuela, che più volte mi ha suggerito di sforzarmi di uscire e creare dei legami a Milano, decido di invitare a cena la mia asocialità e la mia pigrizia. Festeggeremo tutte assieme l'assunzione: chiamo il ristorante cinese per farmi consegnare le cena a domicilio. Apro il PC e scorro la *timeline* di Facebook e Twitter alla ricerca di qualcosa da leggere che catturi la mia attenzione, stando attenta a non riempire la tastiera con l'olio degli involtini primavera. Apro la chat di Messenger per scrivere a Clara.

```
A. > Clara! Ho dimenticato di dirti che
oggi mi hanno offerto IL contratto.
Dopo qualche minuto la chat si attiva,
sta scrivendo.
C. > No?! Davvero? Di già? Ma lasciano
a casa la mia amica, quando rientra dal
poppante?
A. > No, mi hanno detto che comunque il
progetto sta crescendo e devono assumere
un'altra risorsa.
C. > Wow! Proud of you! Sei felice?
A. > Sì... Boh. Oddio, un po' sì e un
po' no.
C. > Cioè?
A. > Non lo so. IL contratto era il
sogno della mia vita. Ma è qui... E i
miei figli sono là. Insomma, sembra una
```

corda che si stringe intorno alla gola, sempre più forte. È che non so come fare...

C. > A fare cosa?

A. > A dare un senso alla mia vita. Ho finalmente un lavoro, ma è nella città sbagliata...

C. > I ragazzi non puoi farli trasferire?

A. > Ci ho pensato, ma no. Per loro sarebbe un trauma separarsi dal padre. E Michele inizia ad avere un'età in cui è difficile fargli capire i benefici della grande città. Lui vuole i suoi amici, i nonni, la campagna dove scorrazzare in bici. No, non salirebbero mai a Milano e obbligarli non sembra una buona idea.

C. > Quindi che vuoi fare?

A. > Piangere.

C. > Serve?

A. > No. Allora mi alcolizzo?

C. > Serve?

A. > Oddio Clara, sembri mia madre!

C. > Sai che ora dovrei bannarti per sempre!? Ma ti pare? Non si dice a una donna "sembri mia madre".

A. > :D te lo meriti. Stasera fai troppo la manager.

C. > Può darsi. È che ho avuto una giornata pesante. Sono stanca di correre su e giù dagli aerei e Cinzia mi sta tenendo alzata a nottate su WhatsApp per insultarmi.

A. > E perché la stai a sentire, scusa? Un conto è voler parlare, confrontarsi, magari sui rispettivi errori, un altro è farsi vomitare addosso livore, no?

C. > Sì, ma non so. Forse avrei dovuto farle meno pressione, ma non ne potevo più di lasciata e ripresa e di essere trasparente.

A. > Eh, a forza di essere trattati come oggetti evanescenti si finisce per diventarlo.

C. > Io sono troppo manager per riuscirci, tu invece dovresti scrivere poesie filosofiche.

A. > Sì, ci penso. “Mentre tutto scorre, e il riso cinese mi s’incolla ai denti, colgo il costante accanimento del destino.” Che dici?

C. > Perfetto. Senti, ho una notizia anche io.

A. > Dimmi...

C. > Domani sera arrivo a Milano. Ti va se andiamo a cena fuori a festeggiare il tuo nuovo lavoro?

A. > Certo!

C. > Perfetto! Un bacio, torno dai clienti. Non è carino che mi sia chiusa nel bagno per tutto questo tempo...

5.
I baci lo sanno

Sento uno strano tuffo al cuore, una specie di panico che spazia dal "Oddio, la casa è una merda!" al "Oddio, io sono una merda!". Mi alzo addirittura euforica. Al suono della sveglia salto giù dal maledetto futon. Si chiama così perché ti *fute* la schiena e va bene solo per pischelli di vent'anni che pesano trenta chili; superati questi parametri è solo un sottile maledetto materasso appoggiato su una perfida struttura bassa, che farà anche design, ma è la morte della cervicale. Con destrezza mi infilo sotto la doccia senza realizzare che, presa dalla notizia della cena, non ho detto a Clara dell'idraulico e sono costretta a lavarmi appiccicata come una patella alla parete della doccia. Poco importa, perché l'idea di trovare Clara mi fa sembrare divertente anche la fetta biscottata che, come previsto dalla legge della Sfiga Imperiale, cade sul pavimento dal lato della marmellata. Anche in ufficio sono di nuovo io: rido, scherzo e dico cagate. Emanuela e Andrea sono sorpresi di scoprire che ho un discreto senso dell'umorismo e mi si vedono le gengive quando sorrido. Io oggi gengivo tutti senza pietà e ho il sorriso stampato. Persino la telefonata a casa risulta più leggera e sembra che i bambini siano più sereni. Col passare delle ore aumenta la fibrillazione. Non vedo l'ora che siano le diciotto per scappare a casa. Prima di uscire dall'ufficio passo dal bagno per una controllata all'ascella emotiva e al trucco da procione, sperando di presentarmi con un aspetto almeno civile.

Milano oggi è bellissima, mi piace persino la nebbia che si incolla ai capelli e le puzze della metropolitana. Percorro la strada dalla stazione a casa con il cuore in gola e a passo svelto, tanto che mio nonno potrebbe vantare la parentela e conferirmi ad honorem le piume dei bersaglieri. Le scale sembrano lunghissime per arrivare al secondo piano, ma l'ascensore è bloccato da una donna che indossa almeno quindici sacchetti stracolmi di viveri. Inserisco la chiave con le mani che tremano, ma la serratura non gira. Non sono i ladri, Clara è già rientrata. Passano pochi secondi che sembrano eterni. Clara apre la porta. Non ci vediamo da mesi anche se ci sentiamo in continuazione. Ci guardiamo e sorridiamo un po' impacciate, ma un abbraccio mette a tacere il bon ton. Come dovrebbero salutarsi due persone che si sono viste due volte per sbaglio, ma che condividono una casa e si scrivono diverse volte al giorno? Mi viene da piangere e piango. Rimango a singhiozzare tra le braccia di Clara che non dice niente e mi accarezza la schiena. In quella stretta salda e avvolgente si sciolgono le tensioni di mesi di solitudine, di viaggi estenuanti a colpi di trecentocinquanta chilometri, il lutto dell'abbandono di Paola, le speranze interrotte, i sogni calpestati, quello che era e non è più, quello che forse non è mai stato, i bambini lontani, il letto vuoto, la città ignota, la vita stravolta e il lavoro nuovo. Sono mesi che nessuno mi abbraccia e mi fa sentire al sicuro. Asciugo le lacrime, Clara sorride e mi porta per mano fino al divano.

«Birra?»

Chissà perché i miei salvatori mi offrono sempre la birra. Faranno parte della schiera angelica degli alcolizzati per affetto. Non so se questa sia la birra più buona che io abbia mai bevuto o se le altre, annaffiate di lacrime e solitudine, avevano un gusto artefatto, ma tracanno la bottiglietta come fosse acqua fresca. Clara è a suo agio. A me occorre un secondo refill di alcool per recuperare l'uso della parola. Ha gli occhi stanchi, ma è di buon umore. Mi racconta dei viaggi, del suo lavoro, dei colleghi, della sua ex che ha iniziato una campagna di odio parlando male di lei agli amici comuni. Solo nella narrazione dei passaggi più dolorosi del loro rapporto la sua voce si incrina, ma recupera velocemente quando mostra le foto dei nipoti e racconta aneddoti buffi della sua infanzia. Non ci accorgiamo del tempo che passa e quando guardo l'orologio mi prende un colpo: sono le tre di notte e la sveglia, implacabile, suonerà tra meno di quattro ore. La cena ce la siamo scordata. Battibecchiamo un po' per decidere chi dormirà sul divano e chi sul letto, ma alla fine la manager si impone e mi cede il posto d'onore. Per la prima volta dopo mesi riesco a dormire.

È mattina e Clara è già andata via. Ha lasciato la moka pronta sul fornello e un-post it che mi ricorda che questa sera recupereremo la cena. Al mio rientro dopo il lavoro la casa è ancora vuota e tutto è rimasto immobile come quando sono uscita, comprese le mutande sul pavimento che, nella fretta del risveglio e per l'abbrutimento del periodo da single, avevo dimenticato di togliere. Faccio una doccia come si deve, finalmente: Clara dev'essere riuscita e reinserire il tubo nel saliscendi. Mi preparo. Non so dove abbia prenotato e non conosco i suoi gusti mondani, quindi cerco di non strafare con il look. Sono le venti, ma di Clara nessuna notizia. Provo a scriverle, ma è offline da più di tre ore. La chiamo al telefono, ma non risponde. Provo più volte in un crescendo di ansia, finché non sento la sua voce.

«Ciao Ari, scusami, stavo per chiamarti. Non ti spaventare, ma sono in ospedale. Non te l'ho detto subito per non farti prendere un colpo. Ero convinta che fosse una sciocchezza. Oggi in ufficio sono caduta e mi sono fatta male a una caviglia. Pensavo fosse solo slogata, invece è fratturata e mi stanno mettendo il gesso. Spero di fare presto, tornerò in taxi. Nel frattempo pensa a mangiare. Mi dispiace tantissimo per la cena...»

«Chissenefrega della cena! Vengo lì? Come fai a camminare con il gesso?»

«Non ti preoccupare, arrivo in taxi fino al portone e poi zampetto sull'altra gamba fino all'ascensore.»

Penso alla fortuna che mi prende per il culo e cerco di mantenere la calma. Per ammazzare il tempo ordino abbondante cibo indiano con il servizio di consegna a casa. Le chiavi girano nella toppa quando sono all'ultimo boccone di chicken curry. Le corro incontro per aiutarla ad arrivare al divano. È grigia in faccia e parecchio nervosa, anche se cerca di buttarla sul ridere.

«Ti piace la mia scarpina?»

«Molto. Ti fa male?»

«Non tanto, più che altro sarà un problema per andare al lavoro.»

«Ma sei matta?»

«Eh, come faccio? Domani ho dei meeting importanti e l'aereo tra due giorni...»

«Clara, ma dove vai con la gamba ingessata? Quanto ti hanno dato di prognosi?»

«Trenta giorni...»

«E allora te ne stai a casa e lavori dal divano...»

«Non ci voleva proprio.»

«Già... Beh, per fortuna puoi contare su di me! Sono una bravissima badante!»

«Lo immaginavo, l'ho fatto apposta! È una vita che sogno qualcuno che si occupi di me.»

Ridiamo e intanto le imbastisco un apparecchiatura usando come tavolino una sedia sulla quale poso le ciotoline con la cena. Stavolta mi impunto e le cedo il letto. La manager fratturata è meno oppositiva. Me lo devo segnare.

Passano i giorni. Clara ha accettato di malavoglia di lavorare da casa. Mi prendo cura di lei sfogando l'indole da crocerossina: lascio il pranzo pronto, rientro prima dal lavoro e mi occupo della spesa, della cena e del bucato. Fossi in me mi sposerei, peccato che le mie partner siano sempre state di diverso avviso. Passiamo le serate a chiacchierare, fare aperitivi casalinghi e cene sul divano. A volte si mette anche lei a parlare su Skype con Michele e Vanessa, che da tempo volevano conoscere questa Clara dalla gamba rotta che vive in una casa in cui non abita mai. La accompagno alle visite spingendo la carrozzina come un'amorevole Heidi. Non poteva essere altrimenti dal momento che si chiama Clara. Come la protagonista del bucolico cartone animato degli anni ottanta sono un disastro come assistente. Una sera la carrozzina si è incastrata nelle rotaie del tram e per poco non si è ribaltata; più di una volta ho calcolato male gli spigoli, fracassando la gamba di Clara sugli stipiti delle porte. Per fortuna si arrabbia raramente. Siamo una coppia di coinquiline piuttosto strambe, appassionate di cinema d'autore, viaggi e romanzi.

È la cosa più vicina a una parvenza di famiglia e serenità che potessi anche solo sperare, in un momento come questo. Mi piace parlare con lei, sa ascoltare e siamo molto simili. Il batticuore del primo incontro in lavanderia ha lasciato il posto a una placida sorellanza, creatasi spontaneamente nei lunghi mesi di confidenze via chat e rafforzata da questa convivenza inattesa. I trenta giorni passano rapidi. Il giorno della liberazione dal gesso, decidiamo di festeggiare il nostro personale 25 aprile con la famosa cena. Ci troviamo a casa, io rientro dal lavoro, lei dall'ortopedico. Mi accoglie sorridente, finalmente in piedi e stabile su entrambe le gambe.

«Sei pronta a spalancare le fauci alla prelibata cucina milanese? Mi sono fatta consigliare un posto da un collega che ci ha promesso porzioni pantagrueliche, gusto eccelso e una location intima e poco da movida. Va bene, signorina?»

«Grazie per il signorina, mi pare un'ottima scelta. Soprattutto lessicale!»

Il locale è proprio carino, un po' eccentrico forse, ma accogliente. Ci sono tavoli barocchi, stravaganti lampade alle pareti, bizzarre sculture mescolate alle poche persone che parlano a bassa voce. Il cameriere porta il menù. Ordiniamo antipasti, due risotti e due cotolette alla milanese con contorno. Abbondiamo anche con il vino, tant'è che al risotto veniamo assalite da una stupida ridarella che accompagna le nostre battute *nonsense* comprensibili solo a noi. Mi fa male la pancia dal ridere, dal cibo e dalla felicità. Al dolce iniziamo ad accusare malessere e salutiamo l'eleganza e la decenza slacciando l'ultimo bottone dei jeans.

È evidente ad entrambe - e anche a mezzo locale - che non siamo in grado di tornare a casa con i mezzi pubblici e chiamiamo un taxi. Durante il tragitto mi sento in una bolla. Le risate si sono interrotte. Il paesaggio notturno scorre veloce fuori dai finestrini leggermente appannati. Mi lascio rapire dalle luci dei palazzi, dalle insegne multicolore e dai fari delle auto che ci precedono. Mi perdo in un limbo di non pensiero alcolico e mi lascio cullare dal dondolio dell'abitacolo. Clara è silenziosa, persa anche lei in qualcosa di non precisato che avviene fuori, in strada. Il tassista ci lascia a un isolato di distanza per evitare un semaforo. Ci incamminiamo senza parlare verso il portone e poi avanti, nell'atrio. L'appartamento è al secondo piano di un palazzo di sei che ha visto più di un lustro. Siamo davanti l'ascensore. Silenzio. Aspettiamo, e intanto fisso una macchia di umidità sul muro proprio accanto a Clara. In un attimo avverto le sue mani sul mio viso. Mi tiene la testa leggermente sollevata. È talmente vicina che sento il calore del suo respiro. Spinge leggermente il mio corpo contro la parete. Mi bacia. Mi bacia con calma, partendo dal labbro inferiore e risalendo lentamente a quello superiore, fino ad imprimere la sua bocca sulla mia. Ho il cuore in fibrillazione e i suoi occhi tuffati nei miei. Ricambio il bacio e le appoggio le mani sui fianchi, tirandola verso di me. Cerco la sua lingua mentre l'abbraccio si fa più stretto. Inizia a baciarmi il collo e la mia schiena risponde al contatto con brividi che dalla nuca terminano al basso ventre. L'ascensore è arrivato. Sicuramente da un po'. Ci lasciamo inghiottire e portare su senza mollare la presa, lei della mia bocca, io dei suoi fianchi. L'apertura della porta richiede un attimo di concentrazione, ma una volta in casa le barriere sono finite. Ci baciamo con una voracità e una passione che non conoscono pause, né interrogativi, né dubbi. Ci spogliamo di tutto. La luce dei lampioni illumina quel tanto che basta ad agevolare un compito che le nostre mani sembrano conoscere da sempre. Mi prende la mano e mi guida verso il letto. Si avvicina per baciarmi, ma si scosta appena per lanciarmi un sorriso. Mi spinge sul materasso. La sua bocca va a cercare il mio seno, ci gioca, lo assaggia. Il piacere mi inonda e i nostri respiri si fanno sempre più corti, sempre più veloci. Le sollevo il viso e la bacio di nuovo. Le mordo un labbro mentre la mia mano si ferma su un seno, poi sull'altro. Scendo ad accarezzarle la schiena e la sento fremere sotto le dita. Non mi fermo, arrivo alle natiche. Lascio che si sposti impercettibilmente da un lato mentre la mia mano si insinua tra le sue gambe. Mi lascio catturare dal suo piacere, la sento inarcare il bacino verso di me. La accarezzo, la penetro e mi lascio guidare dal suo respiro finché non esplode di piacere. Non mi concede una pausa ed è la sua lingua, adesso, a frugare dentro di me, mi esplora, segue il ritmo del mio respiro o forse lo guida. Nella mia eccitazione lei viene di nuovo, insieme a me. Finiamo ansimanti ed abbracciate.

Non ci siamo più dette una sola parola dal ristorante. Clara rompe il silenzio.

«Sei bellissima.»

«Meno male, credevo avessi perso la lingua.

E invece!»

Mentre sto per finire la frase mi rendo conto che quella che voleva essere una volontaria battuta rude, pronunciata per smorzare l'imbarazzo, può risultare eccessiva. Forse ho esagerato. Per fortuna Clara la prende a ridere.

«Si vede che sei toscana, eh. Per fortuna non hai bestemmiato!»
Ridiamo senza sciogliere l'abbraccio, ma solo la tensione del trovarsi nude dopo aver fatto l'amore senza averlo deciso prima. Si stacca appena per sussurrarmi:
«Hai combinato un guaio.»
«Io?»
«Sì, temo di sentire qualcosa di diverso dall'amicizia che credevo di provare. L'ho capito prima, al ristorante. Ho passato la sera a fissarti le labbra e a desiderare di baciarle. E poi in taxi pensavo e ripensavo che forse avrei rovinato tutto. Non sei obbligata a niente, eh. Domattina ti svegli, io sarò al lavoro, la sera parto, ho l'aereo alle cinque. Non cambia niente se non vuoi, se non te la senti, se è presto, oppure non so, se non ti piaccio abbastanza o non vuoi una relazione. Insomma, capito? Resti qui quanto vuoi e io torno nei ranghi dell'amica, capito? Lo so che sei in un periodo orribile e, oddio, pure io. Sono single da poco, poi viaggio, non ci sono mai, tu hai la tua famiglia, le tue cose, le tue...»
Non la faccio finire, la bacio ancora.
«Clara, una cosa alla volta. Non è stata una scopata tanto per fare un ripasso dopo tanto di quel tempo

che temevo ci fossero delle ragnatele qui sotto.»
«Oh, sempre raffinata tu, eh!»
«Sai qual è il modo migliore per farmi tacere?»
«Due sberlone?»
«No. Un altro bacio...»

La sveglia ci trova addormentate da poco più di mezz'ora. Siamo indolenzite e con il mal di testa, avviluppate una all'altra. Non vorremmo districarci da questo abbraccio, ma alla fine è Clara a liberarsi: il taxi che la porterà in aeroporto arriverà tra poco più di venti minuti. Al suo posto subentra l'ansia a stringermi forte. Iniziano a frullarmi pensieri in testa al ritmo delle falene che si schiantano sul vetro. Avrò fatto una cosa azzardata? Avrò rovinato l'unico legame che mi consentiva una parvenza di equilibrio? Dov'è finito quel sentimento che avrei giurato essere di amicizia pura e disinteressata? E che ne sarà del futuro? Certo, lei ora parte e torna tra quindici lunghi giorni. Dovrei mandare via i turbamenti e godermi le impronte dei suoi baci sulla pelle, ma non ci riesco. Le domande mi sgorgano dalla bocca mentre la sua sta per gustare il caffè.

«Clara, magari non dovrei, ma insomma, tu, ecco, che valore dai a quello che è successo stanotte?»
«Nel senso che vuoi un voto?»

«Dai! Hai capito...»

«Sì, ho capito, ma levati quel broncio.»

«Va bene.»

Ed è subito sorriso tirato effetto Stregatto.

«Ari è stato stupendo, se è questo che vuoi sapere. Per il resto mi sento come un'adolescente alle prime armi. Sono felice, ma anche spaventata. Sto per partire, mi sento un po' confusa a dire il vero.»

Inutile insistere. Sta già infilando in fretta il cappotto e le scarpe.

«Ok.»

«Ok e basta? Nemmeno un bacio?»

«Pensavo che non...»

La frase finisce sulle sue labbra appoggiate alle mie. Esce e rimango a fissare la porta. La guardo sperando che si apra di nuovo e porti via tutti quei punti interrogativi che si sono uncinati nella mia testa. Mi sento sospesa. Rallentata. Ovattata. Sembra di essere in una gigantesca bolla. I colleghi parlano, ma io non li capisco. Le e-mail si aprono senza che riesca a coglierne il senso. La *to do list* della giornata rimane quasi invariata quando arriva l'ora di uscire dall'ufficio. Da Clara pochi e frettolosi messaggi per dirmi che è arrivata a destinazione. È stata risucchiata dal lavoro e chiamerà appena possibile.

Mi sento sciocca come la televendita di una miracolosa tuta modellante. In televisione scorrono immagini di prodotti ginnici riesumati dal museo delle torture, mentre seduta sul divano mangio una pizza al gusto di cartone. Cerco di non pensare, ma controllo il telefono compulsivamente finché non appare una notifica sulla chat. La apro con il cuore in gola. È solo mia madre. Mi ricorda poco bonariamente che sono giorni che non mi faccio sentire e si augura che io sia viva. Non so se sono viva. Improvvisamente mi sento di nuovo capovolta e anestetizzata. In attesa. È come se tutta la stanchezza dell'universo scorresse nelle mie vene e decido di infilarmi nel letto. Cerco il suo profumo sul cuscino, ma per dispetto la stoffa rimanda solo un odore di detersivo alla lavanda. Maledetti detersivi che profumano il bucato per quattro decadi. Il telefono si illumina di nuovo. Finalmente una e-mail.
È di Clara.

`Cara Arianna, eccome se mi sei cara. Ti chiedo scusa per oggi, ma il lavoro non mi ha dato tregua. E nemmeno i pensieri. Ti penso incessantemente e penso alla notte trascorsa insieme. Per me non è stata una notte qualunque. Sono`

spaventata. Sai che sono abituata a programmare tutto, ad avere il controllo sulla mia vita e ciò che è successo mi ha spiazzata.
È come se un tifone avesse sradicato tutte le mie certezze. Fino a ieri ti ho considerato un'amica cara. O forse me lo sono raccontato? O sono scivolata lontana da questa convinzione senza accorgermene? Non so come e quando sia accaduto, se è questo che vuoi sapere. So solo che da stanotte la tua pelle è diventata la mia e vorrei solo poter tornare a casa ed abbracciarti per sapere che è tutto reale, che non è un'immagine della mia mente. Non so neppure cos'abbia significato per te, se è stato il vino, la nostalgia di quello che non hai più. Perdona la franchezza, ma temo che per te sia troppo presto, che tu pensi ancora a Paola. Aspetto con ansia di leggerti. Tua, Clara.

Ho un brivido nel rileggere nero su bianco le mie stesse paure. Le rispondo di getto.

Clara, anche io mi sento come te. E non so dare un nome a quel che è accaduto. So solo che è stato intenso e che vorrei non dover aspettare quindici giorni per sapere come andrà. Vorrei conoscere il finale, un bel lieto fine. Ma non so quale vorrei che fosse. Scusami. Adesso l'unica cosa che sento con certezza è che mi manchi.
Ari

Bum! Invio, senza rileggere. Lei non rilancia. Io spengo la luce e, finalmente, anche il cervello.

6.
Corda funambola

La sveglia è terribile. Mi alzo di scatto come se fossi sul punto di affogare, guardo intorno e scoppio a piangere. Sono sola in una casa che non è mia, lontana dai miei figli. Apro Facebook mentre sono ancora con un occhio chiuso, sperando di distrarmi. Messenger segnala due notifiche. La prima è di Paola che, senza tanti fronzoli, chiede di comunicare ad Antonio che ha preparato quasi tutti gli scatoloni con le cose mie e dei bambini e che vorrebbe liberare casa sua il prima possibile. La seconda è il buongiorno di Clara, corredato di cuoricini.

In maniera meccanica rispondo a Paola e scrivo ad Antonio, poi cerco di concentrare l'attenzione su quello di Clara che al momento appare offline, ma a cui ho voglia di dedicare ben cinque righe di cuoricini. È ancora presto e chiamo Antonio per salutare i bambini. Sono assonnati e bizzosi a quest'ora. Io anche. Ogni volta che Vanessa mi sente al telefono, piange. E io muoio ogni volta. Quante volte si può morire nella vita?

I giorni passano lentissimi. Ho una routine di ferro che mi tiene ancorata al presente: sveglia, doccia, colazione, lavoro, chioschino, cena, letto. Improvvisamente sono una sedicenne alle prese con gli sbalzi d'umore. Basta un messaggio di Clara a rendermi euforica e un niente a ributtarmi nel baratro. Ci scriviamo in continuazione e ci raccontiamo del lavoro, di episodi del passato, della mia depressione galoppante, della mancanza che scava in profondità e a velocità inaudita, facendosi strada tra i solchi del mio cuore già segnato dalle piene e dagli straripamenti precedenti. Dal pianto al riso, per la fortuna di esserci trovate e riconosciute in questo nuovo amore. Poi di nuovo al pianto, pensando alla mia condizione di essere umano spaccato in due tronconi che vivono a trecentocinquanta chilometri di distanza uno dall'altro. Poi di nuovo al riso delle battute, dei messaggi amorevoli e di una dolcezza avvolgente. Mi guardo intorno e sembra che tutti siano più felici di me, più bravi di me. Ad ogni "mamma" che sento pronunciare in metro, al parco, per strada, mi esplode una bomba in petto. Cerco di non pensare a quel che non ho più e con ostinazione inizio a ripetere che in futuro andrà tutto bene. Il casino è rimanere a galla nel presente. Gli scambi tra me e Clara sono sempre più ravvicinati, sempre più dolci e intensi. Mi manda le foto del tramonto nordico, io della pizza al gusto di cartone. Le scrivo che a Milano c'è nebbia e lei risponde con foto di strade innevate. Sembriamo una coppia di amanti separate dalla guerra e unite dalla tecnologia digitale. Quindici giorni sono passati. Domani la vedrò e solo allora potrò capirci di più.

Sono salita con impeto sulle montagne russe dell'adolescenza tardiva e le ultime ore prima del suo ritorno mozzano il fiato. Mi sento felice, ansiosa, euforica, terrorizzata, inadeguata. Sistemo la casa, sistemo me stessa, faccio ordine sperando che quello esterno rifletta quello interno. Sogno persino di comprare un rastrello e pettinare la sabbia dei giardinetti fino a disegnare un magnifico mandala per scaricare lo stress. Immagino un abbraccio, sogno un bacio, mi balena alla mente un saluto algido e freddo sulla porta. *Mioddio,* non potrei sopportarlo! Dea delle Lesbiche, fa che non accada perché sennò sei proprio stronza. Che metto? Sono grassa! I capelli orrendi. Mia madre che direbbe? Ma da quando mi preoccupo di quello che dice mia madre? Voglio un caffè! Meglio un infuso di valeriana, ma ho bisogno di rimanere lucida, non di addormentarmi! Che palle. Forse una birra! Ma quando arriva Clara? Un SMS: "Sono in taxi. Arrivo". Senza faccine, senza altro. Mi sento vittima della comunicazione scritta e delle molteplici possibilità interpretative. Sarà felice di vedermi? E se invece volesse solo dirmi che si è pentita e vuol tornare nella *friend zone*?

La chiave gira nella toppa della serratura e per poco non mi strozzo con l'acqua che stavo bevendo per contrastare la secchezza delle fauci. Le vado incontro. Non riesco ad aprire la porta del tutto. Lancia il trolley e mi stringe a sé. Mi bacia. La bacio. Ci guardiamo con un sorriso ebete senza fiatare. Lei sussurra «Mi sei mancata da morire» e io, con molta dignità e classe, scoppio a piangere di nuovo, come la prima volta. Ormai ho fatto pace con la mia sensibilità da puerpera che non controlla riso e pianto e spesso li mescola in un quadro di schizofrenia da sovraccarico emotivo. Ho a disposizione solo un giorno da trascorrere con Clara. Domani sera rientro a casa e quando tornerò a Milano lei sarà già partita. Per la prima volta vorrei poter avere i bambini con me. Vorrei presentargli Clara e non dovermi accollare il viaggio di settecento chilometri in settantadue ore. Ma i bambini aspettano. E pure gli scatoloni che Paola sta facendo spostare da casa sua - ancora sto male a considerarla così - alla mia ex casa che ha subito l'ennesima trasformazione e ora non sembra più un Bed&Breakfast, ma un magazzino. Scanso i pensieri tristi. Clara mi aiuta a prenderli e a metterli da parte.

«Sei a Milano da diverso tempo e ancora non hai visto niente. Faccio una doccia e ti porto a teatro. Non provare ad opporre resistenza, ho già i biglietti.»

Clara non lo sa, ma le resistenze con lei le ho buttate via da quella notte: devono essere precipitate nella tromba dell'ascensore. Usciamo cambiate e rassettate. Clara mi prende per mano, mi abbraccia e non smette un attimo di guardarmi. Anche il giorno dopo mi conduce per un breve tour della città, prima che io debba di nuovo imbarcarmi sulla macchina di non so chi per tornare a casa. Quando non ci vediamo ci scriviamo, quando non ci scriviamo ci sentiamo, quando non ci sentiamo ci pensiamo. Non avrei mai creduto che in così breve tempo una persona potesse incunearsi così forte nel mio cuore. Mi accompagna al passaggio che mi riporterà a Lucca. Chiudo lo sportello e sento già la sua mancanza. Solamente il pensiero di riabbracciare i miei figli mi solleva l'animo e mi dà la forza di affrontare le mie ex case, la mia ex fidanzata e il delirio che mi attende in questi due giorni che dovrebbero essere dedicati al riposo.

Come previsto trovo il pandemonio. Ci sono scatoloni ammucchiati ovunque. Le stanze sono invase e muoversi è difficoltoso. I bambini vorrebbero attenzione e rassicurazione da quella mamma che erano abituati a vedere tutti i giorni e che ora si presenta solo nel fine settimana per smistare pacchi. Sono nel panico. La vita mi corre davanti e io ho perso il filo. Sono schiacciata, annichilita, svuotata. È sabato sera, sono le ventitré e sono spalmata su una sedia a contemplare il caos. Chiamo in lacrime Clara.

«Ari, devi tenere duro, tesoro. Vedrai, non sarà sempre così. Dobbiamo trovare una soluzione e dobbiamo trovarla adesso. Sei arrivata al limite e non so come tu sia riuscita a reggere finora. Non credo che tornare nella tua excasa-exbedandbreakfast-oramagazzino possa aiutare. Rischieresti di rendere inutili tutti i tuoi sforzi per liberarti del passato. Ritorneresti al punto di partenza. Secondome dovresti affittare un posto tutto tuo a Lucca, in cui stare con i bambini. E poi anche lasciare il lavoro in agenzia, che non è sostenibile. Hai bisogno di un nuovo inizio.»

«Sì, certo che mi pesa tornare qui, che preferirei una casa nuova, tutta per me e i bambini. Ma non è fattibile. A maggior ragione se mollo il lavoro, no?!»

«Ho pensato anche a quello. Ascolta con attenzione perché quello che sto per dire sembrerà folle. È vero che ci conosciamo da poco, ma non mi ero mai sentita così in nessuna delle mie precedenti relazioni. E sì, credo proprio di essermi innamorata. Ma non è questo il punto. Il punto è che, al di là di questo, io vorrei aiutarti. Devi lasciare il lavoro a Milano, è insostenibile per te e per i tuoi figli. Non puoi tirare la corda oltre. Ovviamente ti serve un aiuto economico finché non trovi altro. Io mi faccio volentieri carico dell'affitto per i primi tempi...»

Non le lascio neppure finire la frase.

«Clara, no. Non posso accettare. Ti ringrazio e sì... anche io credo di essermi innamorata e mi sento bene quando sto con te... ma non posso trovarmi in una situazione di dipendenza. Non ipotecherò mai più l'indipendenza per una relazione.»

«No, fermati. Non mi devi niente e non mi aspetto il tuo amore in cambio. Oltretutto è un aiuto temporaneo. Lavoro come un somaro, non mi concedo mai nulla, passo la vita china su un PC o su un aereo. Ti sei presa cura di me quando ho avuto bisogno e adesso voglio potermi prendere cura di te. Permettimi di farlo... Puoi almeno pensarci?»

«Clara io...»

«Per favore...»

«Va bene, ci penserò... Clara...»

«Dimmi.»

«Grazie...»

«Non devi ringraziare. Lo devo a me, prima che a te.»

Chiudo la telefonata con lo stato d'animo di chi ha ricevuto una visita angelica. E per fortuna non ha neppure annunciato una gravidanza.

Sono grata di averla nella mia vita, ma non voglio accettare la sua offerta. Provvedo a me stessa dall'età di diciotto anni perché ogni dono mi è stato rinfacciato. Ho sempre pagato i regali e i favori con un prezzo troppo alto. Non voglio perdere l'autonomia appena conquistata, ma mi rendo anche conto che rimanere in questa situazione di dissociazione sta distruggendo me e i miei figli. Ancora una volta ho davanti una scelta importante e non so quale direzione prendere. Mi butto a dormire nella stanza gialla, quella all'ultimo piano a destra delle scale, che si chiama così dai tempi del B&B. Io e Antonio, all'epoca, avevamo deciso di attribuire il nome di un colore a ciascuna camera. Era sembrato un modo efficace per rendere più accattivanti i nostri annunci e meno grigio il pensiero di svuotare quella che era stata la nostra vita. Gli esiti commerciali non furono esaltanti, ma nelle sparute volte in cui i turisti ci contattavano, le nostre conversazioni erano decisamente variopinte: "C'è una coppia interessata alla verde" o "La viola è già prenotata?". Adesso nella camera viola dorme Antonio, nella verde Michele, nella cameretta azzurra dorme Vanessa e a me è toccata la gialla. Ma non trovo pace neppure nel sonno. Sogno i bambini in pericolo, Paola, Milano, Clara. Nemmeno il mio inconscio sta capendo granché e questo non aiuta. Scrivo alla mia amica psicologa. Le descrivo la fatica di una vita divisa, lo strazio di non essere con mia figlia che mi cerca disperata, il dolore di constatare che mio figlio cerca di diventare adulto per non sentire l'abbandono. Le parlo di Paola, della sua assenza silenziosa che ci ha portate al tracollo, e di Clara, di quanto la sua presenza sia diventata sempre più importante con lo scorrere del tempo. Le racconto la spaccatura della mia anima che si allarga sempre di più e minaccia di divorarmi. Mi consiglia di accettare la proposta di Clara. Le appare evidente che io stia manifestando i sintomi di un disturbo post-traumatico e diversi indizi di depressione, a cui si sono aggiunte le crisi di disperazione di Vanessa, sempre più ravvicinate. La mamma da remoto non sono proprio capace di farla, mi sento già mediocre in presenza.

È nuovamente domenica sera e nuovamente saluto i miei figli. Trattengo le lacrime finché non chiudo la porta di casa, poi piango fino a quando non salgo sull'auto che mi riporterà a Milano. La settimana in ufficio sembra non finire mai. Mi sento un fantasma che si aggira tra le rovine di un mondo che non gli appartiene più. Alla mancanza dei bambini si è aggiunta quella di Clara. Riusciamo a trascorrere insieme solo una notte e mezza giornata a settimana. Baci, abbracci, coccole, a volte il cinema o una mostra e poi via, di corsa, di nuovo a casa, di nuovo scatoloni, manine tra i capelli, giochi sul tavolo, lacrime al momento dei saluti. Non mi sento più, ho perso il contatto con tutto. Durante uno dei fine settimana arriva IL crollo. Mi sveglio in lacrime e piango per tutta la giornata. Non riesco ad alzarmi dal letto. Vorrei solo non svegliarmi più. È come se una forza immane mi impedisse di compiere qualsiasi azione. Comunico ai bambini che ho la febbre alta e li faccio portare da Antonio a casa dei nonni. Non riesco a trovare nemmeno la forza di rispondere a Clara che, preoccupata, scrive e telefona a ripetizione. Ovviamente è in ansia, ma non riesco a tranquillizzare me, figuriamoci lei. Solo dopo diversi tentativi reagisco e schiaccio il tasto verde del telefono, senza però riuscire a smettere di singhiozzare.

«Ari, ho preso un treno. Alle tre sono a Lucca. Dammi il tuo indirizzo che vengo lì in taxi.»

Non sono capace di oppormi. Le do l'indirizzo.

È Antonio ad aprirle la porta. Sento i suoi passi. Mi vergogno. Sono inguardabile. Ho gli stessi occhi gonfi di Kermit dei Muppets e non mi sono nemmeno lavata i denti. Clara posa le sue cose per terra, vicino alla porta. Apre la finestra per lasciar entrare un po' di luce e si siede accanto a me. Mi dà un bacio sulla fronte e mi accarezza la schiena. Solo dopo un tempo imprecisato mi parla.

«Arianna, adesso basta. Domattina chiami in agenzia e spieghi come stanno le cose. Torni qui, ok? Ora non sei in grado di pensare e decidere, quindi lo farò io per te.»

«Ma io...»

«No, niente. Si fa così.»

«Ma io... E come farò a vederti?»

«Quello non è un problema. Se contribuisco all'affitto mi potrai ospitare, no?»

«Sì, ma...»

«Intanto stai qui un paio di giorni. Poi contratti con l'agenzia il periodo di uscita e ti aiuto a cercare casa nel fine settimana. Va bene? Tra poche ore devo ripartire, ma tu promettimi che farai così, ok?»

Cerco le risposte dentro di me, ma il nulla mi ha inghiottito. E anche masticato e vomitato. Rimango immobile e in silenzio per un tempo che non so quantificare. Alla fine è un refolo di istinto di sopravvivenza a trovare la voce.

«Ok... Clara... Facciamo come dici tu... Grazie...»

Un voce interiore mi sussurra la frase che conosco bene: "Sarà l'ennesima cazzata".

Decido di ignorarla.

«Sì, prego. Ora rilassati e non pensare per un po'. Promesso?»

«Solo se mi coccoli nelle ore che rimangono.»

«Affare fatto.»

Non so come sia possibile, ma sorrido. Forse sembra più una smorfia da colica renale perché Clara scoppia a ridere. Eseguo gli ordini. Antonio ha parlato con Clara e con me ed è d'accordo, sebbene sia preoccupato della questione lavorativa. Non so se ho imboccato il bivio giusto questa volta, ma l'idea di aver compiuto una scelta mi fa sentire subito meglio. Comunicare le mie decisioni all'agenzia, invece, risulta più difficile. Mi mancherà il mio lavoro. E anche Emanuela. E Andrea. Anche stracciare un contratto a tempo indeterminato è azzardato, ma non posso giocare con la salute, né con l'equilibrio di due bambini. Per fortuna il capo è comprensivo e mi lascia lavorare da remoto per l'ultimo mese. Addio Milano. Addio sicurezza economica. Addio chioschino e addio anche alla signora morbida del mini market. Un senso di nostalgia mista a sollievo avvolge nella nebbia questa nuova fine e questo nuovo inizio.

La settimana successiva inizio a cercare annunci e a contattare agenzie immobiliari. Persino nell'entroterra lucchese i prezzi sono alti e le case umide, buie, mal ridotte. Visito topaie in affitto a prezzi da villa di lusso. Sto quasi per perdere la speranza quando trovo la casa giusta. È lei. Mi viene segnalata dalla mamma di un amico di Michele. È in campagna, vicino alle scuole dei bambini e ad Antonio. Ha persino un piccolo giardino. Le condizioni, però, sono pessime. È completamente da arredare, va imbiancata e ci sono da fare dei lavoretti di manutenzione. Il proprietario si dice disponibile a sistemare tutto di lì a un mese. Il prezzo dell'affitto è abbastanza ragionevole. Certo, gli ambienti sono piccoli e dovrò abbandonare un bel po' di oggetti, ma si può fare. Sono entusiasta. Avrò una casa tutta per me e vedrò Clara nei fine settimana. Clara e i bambini insieme, che succederà? Considerando come è andata la convivenza con Paola, l'idea di commettere di nuovo un errore per avventatezza mi terrorizza. "Su, Ari, un po' di ottimismo! Qualsiasi sistemazione sarà migliore del fottuto futon a 350 chilometri dai tuoi figli. E poi perché non dovrebbero piacersi, Clara e i bambini? Adesso potrai lavorare da casa. Tutto andrà bene. Deve andare bene". Sto parlando davanti allo specchio a voce alta. Perfetto: l'ultimo segnale che evidenzia la follia è arrivato.

Dopo un lungo periodo di buio inizio a riprendermi. Sto lavorando da casa, ne avrò ancora per un mese e poi ci saranno le vacanze. I bambini sono al settimo cielo, non sembrano più angosciati dagli scatoloni che torreggiano in ogni dove e la caccia al tesoro quotidiana per cercare gli oggetti che ci servono appare quasi divertente. Cerco di recuperare i lunghi mesi di assenza, mi ritaglio il tempo per le passeggiate sul fiume insieme a loro, vado a prenderli a scuola e lavoro al PC stando in cucina, in modo da averli sott'occhio. Mi sento come se fossi rientrata dallo spazio intergalattico. Clara mi manca, ma la settimana è corsa via e tra poche ore lei verrà qui. Dormirà qui, conoscerà i bambini e un po' sono agitata, nonostante i miei mantra motivazionali. Credo che anche lei sia un po' tesa. Decido di tornare dal parrucchiere. La situazione è un disastro: ho una ricrescita castana con lunghezze color giallo pipì di gatto. Anche la immagine riflette i segni della devastazione. La mia parrucchiera è preoccupata. Le lunghezze non sono recuperabili e l'unica strada da percorrere è un taglio drastico e una decolorazione della ricrescita. Lascio fare. Il risultato finale è la versione femminile di Eminem. L'immagine allo specchio è buffa, non sembro neppure io, ma non è male. Sempre meglio di prima. Me lo ripeto fino quasi a convincermene.

7.
Riflessi di me

Ci siamo, sono alla stazione a prendere Clara. Ho lasciato i bambini a casa con Antonio. Anche loro sono nervosi. Non sono serviti grandi giri di parole. Hanno già capito che non è più solo un'amica, ma una persona importante che, anche solo a nominarla, attiva sul mio viso un sorriso idiota. Lei entra in macchina e facciamo fatica a sciogliersi dall'abbraccio. Siamo emozionate. Sembro un'adolescente che porta la fidanzatina a conoscere i genitori. Troviamo i bambini seduti in cucina, in attesa. Nemmeno nel sonno rimangono così immobili.

La prima a reagire è Vanessa che le corre incontro e le chiede se sa disegnare. Michele è più timido, si alza e non sa se porgerle la mano. Nel dubbio se la passa nervosamente tra i capelli. Clara gli chiede delle sue bici e immediatamente lo conquista, perché Michele la trascina in giardino ad ammirare l'ultimo restyling della Graziella della nonna che ora - perdonaci nonna - monta ruote dentate e vanta una cromatura degna di *Fast&Furious*. Conclusa la visita alle biciclette, Clara viene rapita da Vanessa che la tira nella sua cameretta a disegnare un unicorno. È fatta. Lei si comporta con loro come se li conoscesse da sempre, ma non mi meraviglia, anche con me è così. Mi godo qualche attimo di questa scena struggente e vado in cucina a mettere su il caffè. Trovo Antonio, intento a raccogliere le sue cose per spostarsi nella casa di Massa Carrara e lasciarci sole coi bambini per il weekend. Lo convinco a fermarsi almeno per il caffè. Non resisto e gli bisbiglio:

«Che ne pensi di Clara?»

«Sei la solita frettolosa, ma stavolta sei perdonata, è colpa degli eventi. A me piace... Per quello che conta» risponde sorridendo. Saltello come una capretta di Heidi e torno di sopra. Trovo Vanessa intenta a colorare un unicorno fucsia, ma Clara non c'è. Salgo ancora un'altra rampa e la vedo nella camera gialla, al telefono. Le faccio cenno che il caffè è pronto e torno ad aspettarla in cucina. Dopo poco scende. Con una faccia funerea che non presagisce niente di buono.

«Ari, abbiamo un problema.» esordisce Clara senza preamboli.

«Oddio, cosa?»

«Era la mia azienda, mi hanno comunicato che tra quindici giorni devo lasciare la casa di Milano. Il cliente ha ridotto il budget e ha deciso di tagliare i costi inutili. E tra i costi inutili ha inserito la casa.»

«Oddio e adesso?»

«Adesso è un guaio. Dovrò cambiare casa. Mi serve un appoggio a Milano per i giorni in cui lavoro in sede e, soprattutto, dovrò pagarlo di tasca mia.»

«E...?»

«E non possiamo più permetterci la casa di Lucca. Non ce la facciamo a pagare due affitti.»

Mi viene da piangere. Non riesco a crederci. Per una volta che sembrava che la vita stesse andando per il verso giusto.

«E adesso? Abbiamo già firmato il contratto, lasciato la caparra. Sono tre mensilità! E io? E noi? Dove andiamo?»

«Ari, non fare così, ti prego. Troveremo una soluzione, te lo prometto...»

Mi sgorgano lacrime mute di angoscia. In quel momento entra Antonio. Lo guardo, piango e non parlo.

«Mi fate paura, che succede ancora?» ci chiede mentre prende la tazzina con il caffè.

«Succede che perdo la casa di Milano e non posso pagare due affitti. Non so davvero che dire.»

Anche Clara inizia a piangere. Come approccio iniziale non è male. Io e Clara in lacrime, appollaiate su sedie di plastica. Antonio è in piedi sulla porta e ci fissa attonito, tenendo in una mano la tazzina del caffè e nell'altra lo zaino. Passa qualche minuto, poi è lui a rompere il silenzio.

«Scusate se intervengo e vi dico la mia. Ari, perché non torni a vivere qui? In fondo è anche casa tua, no? Paghiamo un mutuo e almeno la sfrutti. Tanto non siamo tagliati per la ricezione turistica, ormai l'abbiamo capito. Che senso ha prendere un'altra casa? Dai, telefona al proprietario! In fondo nemmeno ci avete mai messo piede. Vi ridarà anche la caparra, vedrai.»

Lo guardiamo entrambe, Antonio prosegue.

«Per il resto ci arrangiamo. Quando voi due volete la casa libera nel fine settimana, me ne vado nella mia casetta di Massa. E sì, dai. Anche per i bambini è meglio, no? Almeno se ne stanno in un posto unico, senza dover fare avanti e indietro. Che ne dite?»

Clara e io ci guardiamo. Lei annuisce.

«Mi sembra un'ottima idea, Antonio. Ari?»

«Boh, non lo so. Certo, mai avrei pensato di diventare la coinquilina del mio ex marito, ma non mi pare che abbiamo molte alternative.»

«Allora è deciso!»

E ci stappiamo una birra. Dopo le lacrime e il caffè è sempre l'ideale.

Chiamo il proprietario e gli spiego l'accaduto. Risponde, glaciale, che lui ha registrato il contratto e che non è un suo problema se ci abbiamo ripensato. Cerchiamo di farlo ragionare, ricordandogli che l'unica volta che abbiamo varcato la soglia di quella casa, è stato il giorno in cui ce l'ha mostrata. Mai vi abbiamo fatto ritorno, non uno scatolone ha proseguito il lungo tour che i miei averi hanno intrapreso negli ultimi mesi. Nemmeno una ramazza, un bidone di intonaco, una libreria Billy mandata in avanscoperta a perlustrare quel nuovo spazio. Ci offriamo di rimborsare le spese di registrazione, dopodiché potrà immediatamente proseguire la ricerca di un nuovo inquilino. Col tono arrogante di chi non ha neppure ascoltato, figuriamoci compreso, chiude bruscamente la conversazione, ribadendo che ciò che è entrato nelle sue tasche da lì non uscirà. Siamo basite, ma non c'è modo di fargli cambiare idea.

L'incredulità per l'ennesimo intoppo mi lascia senza parole, mi sento spenta, impietrita. Clara, nonostante lo spaesamento, cerca di prendere in mano la situazione e propone di uscire con i bambini. La guardo incredula: perché mai dovremmo dedicarci ad altro con tutto ciò che sta accadendo? «Per arieggiare cuori e cervelli» mi sussurra. Così decidiamo di portare i bambini sulle Mura di Lucca e noleggiamo un risciò. Non l'abbiamo mai fatto e ci sembra la cosa più divertente del mondo. Michele vorrebbe il volante, ma non cediamo. Vanessa tiene stretto il suo peluche preferito e, non paghi di essere diventati dei buffoni su ruote, iniziamo a selezionare sul cellulare canzoni di Elio e le Storie Tese e le cantiamo a voce altissima tra le facce stupite dei passanti. Con Clara anche le frustrazioni durano poco. Per festeggiare la resilienza e la resistenza alla sfiga ce ne andiamo a cena in pizzeria. I bambini mangiano e ridono, ridono e mangiano. Clara ha il nostro senso dell'umorismo e a fine cena ho male agli addominali.

Approfitto dell'ilarità generale e propongo di trascorrere la domenica all'Ikea, come ogni famiglia che si rispetti. Anzi, siamo già in ritardo rispetto allo standard lesbico in cui già il secondo appuntamento prevede una visita al Regno del Kallax (Kallax è una serie di mobili dell'Ikea, N.d.E.*)*. Le risate cessano di colpo e vengo accolta da fischi e grugniti. So che per Clara è la più grande delle prove d'amore. Ingoierebbe un Pax già montato piuttosto che essere obbligata a vagare tra gli allestimenti e i corridoi del negozio. E la cucina nordica, per di più industriale, su di lei non fa colpo. Ma l'ipotesi di un pranzo a base di polpette svedesi e patatine fritte ha conquistato i bambini e centrato l'obiettivo. Nemmeno nel colorato Pianeta Assemblaggio - Galassia del Tiavanzeràsempreunbullone - smettiamo di sghignazzare. Con lei potrei persino partecipare a un corso per allevare rane da riporto e trovarlo divertente e culturalmente stimolante. Decidiamo di comprare dei cappellini con le antenne e ce ne andiamo in giro per il negozio conciati così. Sono così felice che vorrei abbracciare tutti, anche la vecchiaccia che ci guarda arcigna e scuote la testa. No, lei forse no. Ma me la immagino a scuotere il capo con le antennine come le nostre e mi metto a ridere di nuovo. Il fine settimana finisce in un soffio. Un clima di tristezza inizia a diffondersi già durante il tardo pomeriggio di domenica, quando Clara annuncia di dover preparare la valigia. Interviene Vanessa: «Secondo me, dalla prossima volta, dovresti preparare la valigia il venerdì, così non ci pensi più.»

La guardiamo con gli occhi a palla: incredibile come, così piccola, riesca ad avere uscite del genere. Un regionale veloce - ossimoro delle ferrovie italiane - porta via Clara. Mi sento invadere di nuovo dalla tristezza e dalla voglia di infilarmi nel letto e aspettare il suo ritorno, ma non posso.

Tra poco dovrò svegliare i bambini e mettermi a lavorare. Ci sono ancora scatoloni da svuotare, mobili da trasportare e montare, acquisti da fare. Sento Paola, la mia ex. Suona strano. Ci sono momenti in cui non mi capacito che tutto quello che avevamo costruito non esista più. Non ce la faccio a mettere piede in quella casa e ogni volta che sono obbligata a farlo sto malissimo. Lei oscilla tra tristezza e rabbia. A volte saluta con un abbraccio, altre a malapena mi degna di uno sguardo. Approfittando di un momento in cui collaboriamo allo smontaggio di alcuni mobili rimasti da lei, le parlo di Clara e del fatto che non è più soltanto un'amica. La prende malissimo, esprime la sua tristezza per il fallimento, ma anche un discreto scazzo nei confronti miei e di Clara. Il dialogo si interrompe. D'altronde è sempre stato frammentato e difficoltoso anche quando eravamo una coppia. Come potrebbe scivolare leggero ora che stiamo smontando l'ultimo pezzo della nostra vita comune, rappresentato da una cassettiera logora e una vecchia credenza? Proseguo il lavoro manuale dando spazio ai pensieri. È risaputo che quando due persone si lasciano ci sono sempre due versioni della stessa storia. Ma non mi capacito di quanto le nostre siano divergenti. Ci sono giorni in cui la nostalgia mi assale, in cui mi manca sua figlia Vanessa e la routine che, a fatica, avevamo costruito. Mi rendo conto che questi mesi a Milano hanno avuto un impatto differente su noi due. Anche Paola ha sofferto, ma al riparo nella sua casa, con sua figlia accanto e con la sicurezza di un lavoro che le garantisce un'entrata mensile fissa e molto tempo libero. Come potrebbe capire? La verità sulla fine delle storie è sempre banale. La nostra è che Paola ed io non abbiamo retto alla convivenza. Paola faceva le cose, io avevo bisogno di parole e contatto. Paola faceva l'orto e io avrei desiderato che mi guardasse con lo stesso amore con cui ammirava le sue zucchine. Paola era abituata a stare da sola con sua figlia, io a gestire la famiglia in condivisione.

E di fatto siamo rimaste due famiglie coabitanti senza amalgamarci in un'unica realtà, come mi ostinavo a credere. Io cercavo di sciogliere i nodi con il dialogo, lei scappava impaurita e si chiudeva. Parlavamo una lingua diversa e non siamo riuscite a trovarne una comune. Una lingua che impastasse i sogni con le cose, una comunicazione che disegnasse la realtà oltre i confini delle aspettative di una famiglia perfetta e per giunta senza il minimo sforzo.

La notizia della mia nuova relazione si è diffusa rapidamente. Alcune persone che si dichiaravano amiche, ma che sono sparite nel momento in cui mi asfaltavo sul fondo, non mostrando la minima traccia di empatia né di interessamento, ne hanno approfittato per spargere veleno. Ho imparato che la separazione è come il Luminol e rivela situazioni che avevamo sotto gli occhi, ma che non eravamo in grado di vedere. E sempre grazie all'effetto Luminol, ti rendi conto di quali persone vale la pena tenere accanto e quali allontanare. Se ripenso ai mesi milanesi, il senso di solitudine, fallimento e abbandono mi graffia ancora lo stomaco. Per fortuna a Milano ho ricevuto sostegno da persone semi sconosciute che adesso considero amiche. Saluto Paola sulla porta di casa sua. Mentalmente dico addio a quella vita. Prima di salire in macchina, vado nel campo per dire addio alle due pecore che avevamo adottato. Vedo che l'orto non c'è più. Bene, zucchine care, avete avuto quel che meritavate. *Mors mea*, indubbiamente, ma pure vostra.

Mai e poi mai avrei pensato che avrei vissuto in una specie di Comune insieme alla mia compagna, ai miei figli e al mio ex marito. I bambini sono entusiasti, noi adulti ci siamo trovati, invece, un po' spaesati. Tornare a fare la coinquilina del mio ex marito, a distanza di anni, è una bella prova. La sensazione è una via di mezzo tra l'essere ospiti a casa d'altri e l'essere degli studenti fuori sede decisamente attempatelli. Dalla gestione degli spazi comuni, a quella dell'agenda genitoriale condivisa per cercare di limitare la compresenza sincrona, tutto scorre abbastanza sereno. Per fortuna la doppia residenza di Antonio consente di non pestarci i piedi. Perché i rispettivi difetti, quelle piccole ossessioni domestiche che tutti abbiamo e che tolleriamo nell'altro finché c'è amore, rischiano di diventare delle magagne insopportabili e di produrre livelli di irritazione da orticaria. Quando diventi coinquilino del tuo ex coniuge con cui hai dei figli in comune, serve una dose extra di volemose bene e molta *easytudine*.

E poi Clara – a volte temo rimpianga segretamente il passato in cui era solo una cara amica – che lavora all'estero un buon novanta percento del tempo e che per amor mio si è ritrovata a passare le giornate in cui non è a Milano, a Copenhagen, su un aereo o su un taxi, in questa casa-torre in mezzo alla campagna. Lei, che odia con tutto il cuore i grilli che sberciano sotto le finestre, il polline e il rumore della ghiaia in cortile, è finita qui a dividere casa, tempo e cuore con me, i miei figli, il cane e il mio ex marito. La situazione non è semplice, ma mi faccio coraggio, ci facciamo coraggio. Per fortuna anche le molte litigate in chat o al telefono, legate quasi esclusivamente alla distanza, alla fine si risolvono. Le colpe ce le dividiamo a turno, anche se una mano a morra cinese sarebbe spesso più rapida e risolutiva. L'accanimento delle lesbiche nello spaccare il capello e le gonadi durante un litigio non è una leggenda, ma la realtà, così come la capacità di trasformare un'inezia in una tragedia epocale dalla quale si esce sempre malconce. Per fortuna la leggerezza ci salva in corner e basta che una delle due viri sull'ironia per dissolvere la rabbia.

Non so cosa darei per una vita di normale quotidianità con Clara. Anche dopo aver scoperto che non sa quasi cucinare, odia spolverare e lascia sul letto il telo umido della doccia. Rifletto sul cambiamento e realizzo che la vita è come una scatola di cioccolatini. L'unica certezza è che ingrassi. Sempre. I ritmi di questa nuova famiglia allargata sono frenetici, ma mai abbastanza se misurato con il metro della mancanza. I giorni senza Clara si dilatano in nottate semi insonni. Mi giro nel letto e non riesco a dormire. Allungo un braccio e sento un cuscino liscio, morbido, disabitato. Cambio fianco, ma il materasso mi respinge, non mi avvolge, mi odia pure un po'. Sbuffo, mi avviticchio e contorco nel piumone che mi abbozzola. Caldo. Provo a mettere un piede fuori dal bozzolo e lo lascio fluttuare nel vuoto. Penso a quanto da piccola mi terrorizzasse questo gesto e lo tiro su. Forse il pensiero del mostro che vive nel buio è reale e non una fantasia infantile. Il mostro ha solo cambiato aspetto. Gli anni sono passati anche per lui e ha solo modificato un po' le apparenze. Adesso fa meno paura, è solo dispettoso e provoca insonnia buttando ragnatele di pensieri aggrovigliati nella mia testa. Ci sono notti in cui mi sembra di essere sdraiata a pancia in giù sul greto di un fiume in secca. Penso che il cambiamento sia diventato una costante degli ultimi quindici anni della mia vita. Penso alla solitudine, agli abbandoni e agli strappi. Penso a Clara e a chilometri di distanza. Non ho mai considerato le relazioni a distanza il male, non le consideravo proprio. Troppo struggimento, troppa difficoltà per vedersi. Ma la vita ci gode a sgretolare le convinzioni granitiche che ci portiamo in spalla. Si vede che con la distanza devo farci amicizia conoscendola in tutte le sue forme, sia emotiva che fisica. Le ho provate entrambe in relazioni diverse e posso affermare che, almeno con quella fisica, sto facendo pace. L'aspetto più inquietante del vivere una relazione a distanza è il movimento ondivago del tempo. Si allunga e stiracchia quando lei non c'è e si strizza quando lei arriva. E poi la lontananza fa salire l'ansia da prestazione. Quando hai poco tempo, hai la presunzione di voler tendere alla perfezione. Il fine settimana non deve avere sbavature, tutto deve rimanere nei margini dei programmi preparati con cura. Le discussioni rischiano di macchiare a inchiostro indelebile un disegno elaborato con premura e pazienza. L'improvvisazione rischia di essere strozzata da una maniacale valutazione in griglie Excel. L'attenzione di Clara e il suo essere presente anche quando siamo lontane aiuta a rilassarmi. Stiamo imparando a modulare le parole e ad accarezzare i momenti e per me – così asfissiata dai vuoti d'aria delle assenze – è un vero banco di prova. I litigi vanno disinnescati con mano dolce e le priorità messe in fila dal lato del cuore. Sto imparando che l'amore non è comfort, ma specchiarsi nelle affinità animiche e d'intenti. La metà del letto è ancora vuota, ma sento il sonno arrivare dondolando su un sorriso. Allungo la mano sotto il cuscino e tocco il suo pigiama. A volte basta poco per trovare la pace. La nostra è diventata a tutti gli effetti una famiglia allargata. Clara e Antonio sono diventati amici e si coalizzano anche per prendermi in giro. Questa bizzarra composizione familiare crea non poche incomprensioni all'esterno. La vicina sta impazzendo per capire cosa succeda, ma non ha il coraggio di chiedere. La postina si è arresa e si limita a far firmare le consegne a me. Probabilmente tutti immaginano scene pruriginose da commediola all'italiana. Ma a noi non importa. Ci bastiamo. Michele, Vanessa e Clara si adorano. D'improvviso si sono ritrovati ad avere una madre, un padre e una "pro-mamma", come Vanessa ama definire Clara.

È arrivata l'estate e con essa l'obbligo di andare al mare. Il mare mi stressa. Non ho un ricordo che sappia di salsedine e che si possa associare, anche vagamente, all'idea di relax. Ho iniziato ad andare in spiaggia con un neonato poco dopo aver smesso di essere trascinata al mare da mia madre. Niente falò con gli amici, né domeniche sdraiata sulla sabbia con le amiche. Quando ero piccola mia madre ci svegliava all'alba. Dopo la colazione arrivavamo sulla battigia quando ancora era deserta. All'orizzonte solo noi, i pescatori di vongole e le signore anziane che passeggiavano con l'acqua fino alle caviglie per favorire la circolazione alle gambe. Le antesignane di uno sport che negli anni successivi sarebbe diventato di gran voga: l'acquagym. Prima di fare il bagno dovevano passare almeno tre ore. Che avessimo leccato un ghiacciolo o ci fossimo scofanati una teglia di melanzane alla parmigiana, la regola non cambiava. E prima d'immergersi completamente era necessario seguire una procedura. Per prima cosa un'ulteriore passata di crema dalla consistenza del calcestruzzo: spalmandola portava via il primo strato di epidermide ed era talmente idrorepellente che neppure dopo la doccia serale andava via. L'immersione veniva effettuata ad abluzione crescente: dieci minuti solo le dita dei piedi, dieci minuti fino alle caviglie e così via a salire. Praticamente potevamo tuffarci quando gli altri bambini erano già usciti per fare merenda. Anche i tempi di permanenza in acqua seguivano delle tabelle rigide. Mia madre le applicava con la stessa meticolosità di un sub che teme la camera iperbarica. Era tassativo il monitoraggio dei polpastrelli, la grinza rappresentava l'impellente e inderogabile necessità di uscire immediatamente dall'acqua. La grinza era meno grave solo dell'essere inseguiti da uno squalo. I giochi in spiaggia dovevano essere poco chiassosi e bisognava prestare attenzione a non sollevare sabbia al fine di non impanare le altre persone stese a prendere il sole. Il due pezzi era bandito fino a dodici anni perché il doppio segno del costume era una maledizione da cui rifuggire il più a lungo possibile. Così ho trascorso l'estate spiaggiata – letteralmente – a pancia in giù e con la faccia nei libri per non dover andare in giro con le tette al vento. E all'epoca avevo anche meno tette di adesso, ma un maggior senso del pudore e più necessità di inclusione sociale. Anche sull'orario non si sgarrava. Alle undici e mezzo si tornava a casa. A volte tornavamo nel pomeriggio, ma solo dopo le sedici. Ovviamente con le stesse regole della mattina.

A me piace pensarmi come una madre moderna, che supera gli insegnamenti ricevuti adattandoli a contesti decisamente più *smart*. Sono un'orgogliosa rappresentate della categoria Io non sarò mai come mia madre eppure ripropongo la stessa tortura marina ai miei figli, limitandomi a qualche piccolo aggiustamento. Praticamente sembro anche io l'assistente alle colonie estive del ventennio.

Speravo che la presenza di Clara mi avrebbe aiutata a stemperare questo mio essere mamma cozza apprensiva, ma sbagliavo. Lei ha un senso di protezione materno che io in confronto sembro Gargamella. Oggi in spiaggia ha unto più e più volte Vanessa come fosse un abbacchio pronto per il forno, ha controllato che non si arrossasse, che avessimo preso l'acqua e i viveri di sopravvivenza, gli spiccioli per il parcheggio. Abbiamo comprato una palla, un telo nuovo, un bunker anti atomico e uno spray al peperoncino subacqueo per gli squali che popolano le acque del Mar Tirreno all'altezza delle coste della Versilia. Manco a dirlo, i miei figli al mare non mi sopportano e ad ogni raccomandazione sbuffano. Con Clara non succede. La stessa richiesta – detta da lei – la eseguono sorridenti ed entusiasti. Forse, stavolta, riuscirò anche io ad associare l'idea di andare al mare alla sensazione che non sia una tortura immeritata. E magari imparerò a rilassarmi e a godermi quella poesia meravigliosa di bambini schiamazzanti, caldo appiccicoso e sabbia che si incolla alla pelle sudata e incremata, le urla dei venditori di cocco e quelli delle mamme isteriche. Forse l'idea di chiudere definitivamente il trasloco e disfare gli ultimi scatoloni sembra quasi più attraente.

L'ultimo scatolone è il Sacro Graal dei traslochi, perché semplicemente non esiste. Tu credi che l'ultimo sia quello lì, quello che sta accanto al frigo da talmente tanto tempo da essere ormai diventato un'estensione della dispensa. Prima di aprirlo gli fai la foto, la metti su Facebook, crei un evento, inviti gli amici a bere per festeggiare, saltelli per casa incredulo. Appena disfatto, giri gli occhi e ne scovi un altro sotto il divano e poi un altro nel sottoscala. Perché gli occhi, ormai, si sono talmente abituati a considerare gli scatoloni come parte integrante dell'arredamento che non li riconoscono come corpi estranei di cui liberarsi. Il vero, l'unico, ultimo scatolone è quello che disfi pensando che non lo sia. Prima o poi, ci arrivi, con lo stato d'animo prostrato e sconfitto di Indiana Jones, solo più imbruttito e con il mascara sbavato.

Oggi è successo. Ho trovato l'ultimo scatolone. È di modeste dimensioni, accantonato tra il divano e la libreria che, dopo mesi, arredano di nuovo il salotto. Prima di disfarlo lo osservo. Stranamente non c'è scritto niente che possa suggerire il contenuto. Lo apro e dentro, tra cianfrusaglie varie provenienti da quello che nella mia vecchia casa era il mio studio, trovo le lettere di Paola. Mi siedo e le leggo. Alcune sono semplici biglietti, altre pagine grondanti amore e felicità. Una in particolare attira la mia attenzione. È quella che Paola mi ha scritto per l'ultimo compleanno che abbiamo festeggiato insieme.

Cara Arianna,
oggi è il tuo compleanno e, soprattutto in questa occasione, vorrei essere capace di renderti felice. E invece non ci riesco, ormai da troppo tempo. Siamo lontane, hai ragione tu. Ma non so da che parte remare per raggiungere la riva dalla quale tu mi chiami, con voce sempre più flebile. Non sono brava con le parole. Non ci capiamo più. Tu desideravi delle lettere, io ti cucinavo una torta. Tu speravi in una serata abbracciate sul divano, io pensavo fosse meglio pulire a fondo la cucina e preparare il caffè, pronto da accendere, in modo che l'indomani tu potessi fare colazione con calma e senza il caos della sera precedente. Tu sognavi una passeggiata la domenica, io volevo dedicarmi all'orto per condividere qualcosa di buono e genuino con te e i

ragazzi. Lo so cosa stai per rispondere: che non te ne ho mai parlato, né ho mai cercato di coinvolgerti. Non mi riesce. Sono abituata a fare di testa mia e a non chiedere a nessuno, convinta che gli altri mi leggano nel pensiero. Anche con i tuoi figli non sono granché. Voglio molto bene anche a loro, solo che non sono tipa da smancerie, lo sai, neppure con mia figlia. L'unica cosa che so è che ci sto male. Niente è come avrei desiderato, ma mi rendo conto che non sono capace di cambiare. Chissà se avrò occasione di scriverti un'altra lettera. Se le cose continueranno così, davvero non oso pensare quale sarà l'epilogo della nostra storia. Mi dispiace non essere la compagna che avresti desiderato.
Tua, Paola.

È una lettera d'addio, ma lo vedo solo oggi. A suo modo, mi ha amata. E tanto. Capisco che abbiamo avuto paura di essere sulla strada sbagliata e in questo modo abbiamo fatto deragliare il treno per il terrore di vederlo schiantarsi. Comprendo, scorrendo le sue parole, che la sua non era incuria, ma solo un modo diverso di amare. Un modo non compatibile con il mio, forse, ma non per questo meno autentico. Mi sento in colpa per aver pensato male di lei. Vorrei chiamarla e chiederle scusa per non averlo intuito in tempo utile e aver creduto di essere stata usata. Ma forse mi prenderebbe per matta. Non capirà mai del tutto l'intensità del mio dolore, della mia frustrazione e della mia solitudine dei mesi precedenti alla separazione, né quelli della cattività milanese. Ognuna di noi giurerà di fronte al mondo di essere l'unica depositaria della verità assoluta. Magari, un giorno, ci sarà modo di parlarne. Magari, un giorno, ci troveremo su un altro treno e riusciremo ad ascoltarci. Ma non è oggi, quel giorno. Metto via la scatola con le lettere e telefono alla parrucchiera.

«Ciao Daniela, sono Arianna, posso venire a fare il colore?»

«Alle cinque va bene? Biondo, vero?»

«Uhm, no. Il biondo non fa per me. E se li colorassi di fucsia?»

Ringraziamenti

Inizialmente mi ero rifiutata di scrivere questa pagina, ma poi ho pensato che avrei perso l'occasione di salire sul palco e godere dei miei cinque minuti di celebrità. In definitiva, rinunciarci mi è sembrato uno spreco. Quindi ecco qui l'elenco dei miei personali ringraziamenti.

Ringrazio i miei editori Diego e Alberto, che hanno voluto pubblicare questo romanzo e forse, dopo essere stati costretti a interagire con la mia ansia, se ne sono amaramente pentiti.

Ringrazio Enrica Tesio, mia life coach ad honorem, per avermi spinta a trovare il coraggio di cimentarmi con la scrittura di un romanzo e per la prefazione.

Ringrazio la mia mamma e il mio papà che mi hanno fatto, se non bella, almeno simpatica.

Ringrazio Zia Italia, la mia nonna "adottiva" che mi ha insegnato l'amore per i libri, la scrittura e il sapore confortante di pane burro e alici.

Ringrazio Giuseppe, per essere colonna portante della mia vita e della mia famiglia.

Ringrazio Ariele e Margherita, per la pazienza e la comprensione verso una mamma imperfetta, ma che ci prova un casino ad essere migliore.

Ringrazio Nina e Ita, per la strada percorsa insieme.

Ringrazio Daniela, la mia parrucchiera, che è anche un'inconsapevole psicologa.

Ringrazio Cristina, l'amica che puoi chiamare alle tre di notte e che, dopo averti mandato affanculo, corre in tuo soccorso anche se sei dall'altra parte del globo.

Ringrazio Iole Topocane, per avermi costretta a sospendere la scrittura notturna, per una razione extra di coccole.

Ringrazio Te, lettore, che hai dato un senso alla realizzazione di questo libro, che altrimenti sarebbe rimasto nel cassetto dei sogni rimandati a data da destinarsi.

Soprattutto ringrazio Manu, per il suo Amore, per la pazienza, la dolcezza. E anche per essersi smazzata le paranoie da revisione del romanzo.

Avrei voluto aggiungere altri nomi, che ho dovuto depennare per amor di *brevitas* e probabilmente ho dimenticato qualcuno involontariamente.
Gli altri, invece, proprio apposta.

Grazie.

Indice

11 *Prefazione*

13 Cap.1 Faccio bolle
55 Cap.2 Passo incrociato
95 Cap.3 Sogni origami
131 Cap.4 Sorsi di sabbia
163 Cap.5 I baci lo sanno
181 Cap.6 Corda funambola
197 Cap.7 Riflessi di me

221 *Ringraziamenti*

Finito di stampare nel mese di giugno 2017
presso PressUp Srl
Stampato in Italia
Printed in Italy